最新法律文件解读丛书

商事法律文件解读

总第 154 辑(2017. 10)

主编/杜万华

人民法院出版社

图书在版编目(CIP)数据

商事法律文件解读. 总第154辑/杜万华主编. —
北京:人民法院出版社,2017. 11
(最新法律文件解读丛书)
ISBN 978-7-5109-1953-4

Ⅰ. ①商… Ⅱ. ①杜… Ⅲ. ①商法—法律解释—中国
Ⅳ. ①D923.995

中国版本图书馆CIP数据核字(2017)第287666号

商事法律文件解读. 总第154辑
主编 杜万华

责任编辑 路建华
出版发行 人民法院出版社
地　　址 北京市东城区东交民巷27号 邮编 100745
电　　话 (010)67550660(责任编辑) 67550558(发行部查询)
65223677(读者服务部)
客服QQ 2092078039
网　　址 http://www.courtbook.com.cn
E-mail courtbook@sina.com
印　　刷 三河市国英印务有限公司
经　　销 新华书店
开　　本 787×1092毫米 1/16
字　　数 140千字
印　　张 8
版　　次 2017年11月第1版 2017年11月第1次印刷
书　　号 ISBN 978-7-5109-1953-4
定　　价 16.00元

卷首语

为了改善中小企业经营环境，保障中小企业公平参与市场竞争，维护中小企业合法权益，支持中小企业创业创新，促进中小企业健康发展，扩大城乡就业，发挥中小企业在国民经济和社会发展中的重要作用，《中华人民共和国中小企业促进法》（以下简称《中小企业促进法》）于2017年9月1日公布。本辑全文刊登了《中小企业促进法》与工业和信息化部中小企业局局长就《中小企业促进法》的修订颁布答记者问的文字，以便于读者更好地学习和理解《中小企业促进法》的内容和精神。

为正确适用《中华人民共和国公司法》，《最高人民法院关于适用〈中华人民共和国公司法〉若干问题的规定（四）》［以下简称《公司法司法解释（四）》］于2017年8月25日公布，就公司决议效力、股东知情权、利润分配权、优先购买权和股东代表诉讼等案件适用法律问题作出了具体规定。本辑全文刊登了《公司法司法解释（四）》和其新闻发布稿。

在“司法实务问题研究”栏目，本辑刊登了《论破产管理人债权审查标准》一文，对破产债权审查的基本标准及具体标准进行了分析论述，并通过纵向、横向分类，着重分析了破产债权审查的具体标准。

在“新类型疑难案例选评”栏目，本辑刊登了《章某诉张某海股东损害公司债权人利益责任纠纷案》，对一人有限责任公司名义股东应否对公司债务向公司债权人承担连带责任的问题进行了具体分析。

《最新法律文件解读》丛书
编 委 会

目　录

[法律与解读]

中华人民共和国中小企业促进法

（2002 年 6 月 29 日第九届全国人民代表大会常务委员会第二十八次会议通过　2017 年 9 月 1 日第十二届全国人民代表大会常务委员会第二十九次会议修订　2017 年 9 月 1 日中华人民共和国主席令第 74 号公布　自 2018 年 1 月 1 日起施行）

目　录

第一章　总　则

第一条　为了改善中小企业经营环境，保障中小企业公平参与市场竞争，维护中小企业合法权益，支持中小企业创业创新，促进中小企业健康发展，扩大城乡就业，发挥中小企业在国民经济和社会发展中的重要作用，制定本法。

第二条 本法所称中小企业，是指在中华人民共和国境内依法设立的，人员规模、经营规模相对较小的企业，包括中型企业、小型企业和微型企业。

中型企业、小型企业和微型企业划分标准由国务院负责中小企业促进工作综合管理的部门会同国务院有关部门，根据企业从业人员、营业收入、资产总额等指标，结合行业特点制定，报国务院批准。

第三条 国家将促进中小企业发展作为长期发展战略，坚持各类企业权利平等、机会平等、规则平等，对中小企业特别是其中的小型微型企业实行积极扶持、加强引导、完善服务、依法规范、保障权益的方针，为中小企业创立和发展创造有利的环境。

第四条 中小企业应当依法经营，遵守国家劳动用工、安全生产、职业卫生、社会保障、资源环境、质量标准、知识产权、财政税收等方面的法律、法规，遵循诚信原则，规范内部管理，提高经营管理水平；不得损害劳动者合法权益，不得损害社会公共利益。

第五条 国务院制定促进中小企业发展政策，建立中小企业促进工作协调机制，统筹全国中小企业促进工作。

国务院负责中小企业促进工作综合管理的部门组织实施促进中小企业发展政策，对中小企业促进工作进行宏观指导、综合协调和监督检查。

国务院有关部门根据国家促进中小企业发展政策，在各自职责范围内负责中小企业促进工作。

县级以上地方各级人民政府根据实际情况建立中小企业促进工作协调机制，明确相应的负责中小企业促进工作综合管理的部门，负责本行政区域内的中小企业促进工作。

第六条 国家建立中小企业统计监测制度。统计部门应当加强对中小企业的统计调查和监测分析，定期发布有关信息。

第七条 国家推进中小企业信用制度建设，建立社会化的信用信息征集与评价体系，实现中小企业信用信息查询、交流和共享的社会化。

第二章　财税支持

第八条 中央财政应当在本级预算中设立中小企业科目，安排中小企业发展专项资金。

县级以上地方各级人民政府应当根据实际情况，在本级财政预算中安排中小企业发展专项资金。

第九条 中小企业发展专项资金通过资助、购买服务、奖励等方式，重点用于支持中小企业公共服务体系和融资服务体系建设。

中小企业发展专项资金向小型微型企业倾斜，资金管理使用坚持公开、透明的原则，实行预算绩效管理。

第十条 国家设立中小企业发展基金。国家中小企业发展基金应当遵循政策性导向和市场化运作原则，主要用于引导和带动社会资金支持初创期中小企业，促进创业创新。

县级以上地方各级人民政府可以设立中小企业发展基金。

中小企业发展基金的设立和使用管理办法由国务院规定。

第十一条 国家实行有利于小型微型企业发展的税收政策，对符合条件的小型微型企业按照规定实行缓征、减征、免征企业所得税、增值税等措施，简化税收征管程序，减轻小型微型企业税收负担。

第十二条 国家对小型微型企业行政事业性收费实行减免等优惠政策，减轻小型微型企业负担。

第三章 融资促进

第十三条 金融机构应当发挥服务实体经济的功能，高效、公平地服务中小企业。

第十四条 中国人民银行应当综合运用货币政策工具，鼓励和引导金融机构加大对小型微型企业的信贷支持，改善小型微型企业融资环境。

第十五条 国务院银行业监督管理机构对金融机构开展小型微型企业金融服务应当制定差异化监管政策，采取合理提高小型微型企业不良贷款容忍度等措施，引导金融机构增加小型微型企业融资规模和比重，提高金融服务水平。

第十六条 国家鼓励各类金融机构开发和提供适合中小企业特点的金融产品和服务。

国家政策性金融机构应当在其业务经营范围内，采取多种形式，为中小企业提供金融服务。

第十七条 国家推进和支持普惠金融体系建设，推动中小银行、非存款类放贷机构和互联网金融有序健康发展，引导银行业金融机构向县域和乡镇等小型微型企业金融服务薄弱地区延伸网点和业务。

国有大型商业银行应当设立普惠金融机构，为小型微型企业提供金融服务。国家推动其他银行业金融机构设立小型微型企业金融服务专营机构。

地区性中小银行应当积极为其所在地的小型微型企业提供金融服务，促进实体经济发展。

第十八条 国家健全多层次资本市场体系，多渠道推动股权融资，发展并规范债券市场，促进中小企业利用多种方式直接融资。

第十九条 国家完善担保融资制度，支持金融机构为中小企业提供以应收账款、知识产权、存货、机器设备等为担保品的担保融资。

第二十条 中小企业以应收账款申请担保融资时，其应收账款的付款方，应当及时确认债权债务关系，支持中小企业融资。

国家鼓励中小企业及付款方通过应收账款融资服务平台确认债权债务关系，提高融资效率，降低融资成本。

第二十一条 县级以上人民政府应当建立中小企业政策性信用担保体系，鼓励各类担保机构为中小企业融资提供信用担保。

第二十二条 国家推动保险机构开展中小企业贷款保证保险和信用保险业务，开发适应中小企业分散风险、补偿损失需求的保险产品。

第二十三条 国家支持征信机构发展针对中小企业融资的征信产品和服务，依法向政府有关部门、公用事业单位和商业机构采集信息。

国家鼓励第三方评级机构开展中小企业评级服务。

第四章　创业扶持

第二十四条 县级以上人民政府及其有关部门应当通过政府网站、宣传资料等形式，为创业人员免费提供工商、财税、金融、环境保护、安全生产、劳动用工、社会保障等方面的法律政策咨询和公共信息服务。

第二十五条 高等学校毕业生、退役军人和失业人员、残疾人员等创办小型微型企业，按照国家规定享受税收优惠和收费减免。

第二十六条 国家采取措施支持社会资金参与投资中小企业。创业投资企业和个人投资者投资初创期科技创新企业的，按照国家规定享受税收优惠。

第二十七条 国家改善企业创业环境，优化审批流程，实现中小企业行政许可便捷，降低中小企业设立成本。

第二十八条 国家鼓励建设和创办小型微型企业创业基地、孵化基地，为小型微型企业提供生产经营场地和服务。

第二十九条 地方各级人民政府应当根据中小企业发展的需要，在城乡规划中安排必要的用地和设施，为中小企业获得生产经营场所提供便利。

国家支持利用闲置的商业用房、工业厂房、企业库房和物流设施等，为创业者提供低成本生产经营场所。

第三十条 国家鼓励互联网平台向中小企业开放技术、开发、营销、推广等资源，加强资源共享与合作，为中小企业创业提供服务。

第三十一条 国家简化中小企业注销登记程序，实现中小企业市场退出便利化。

第五章　创新支持

第三十二条 国家鼓励中小企业按照市场需求，推进技术、产品、管理模式、商业模式等创新。

中小企业的固定资产由于技术进步等原因，确需加速折旧的，可以依法缩短折旧年限或者采取加速折旧方法。

国家完善中小企业研究开发费用加计扣除政策，支持中小企业技术创新。

第三十三条 国家支持中小企业在研发设计、生产制造、运营管理等环节应用互联网、云计算、大数据、人工智能等现代技术手段，创新生产方式，提高生产经营效率。

第三十四条 国家鼓励中小企业参与产业关键共性技术研究开发和利用财政资金设立的科研项目实施。

国家推动军民融合深度发展，支持中小企业参与国防科研和生产活动。

国家支持中小企业及中小企业的有关行业组织参与标准的制定。

第三十五条 国家鼓励中小企业研究开发拥有自主知识产权的技术和产品，规范内部知识产权管理，提升保护和运用知识产权的能力；鼓励中小企业投保知识产权保险；减轻中小企业申请和维持知识产权的费用等负担。

第三十六条 县级以上人民政府有关部门应当在规划、用地、财政等方面提供支持，推动建立和发展各类创新服务机构。

国家鼓励各类创新服务机构为中小企业提供技术信息、研发设计与应用、质量标准、实验试验、检验检测、技术转让、技术培训等服务，促进科技成果转化，推动企业技术、产品升级。

第三十七条 县级以上人民政府有关部门应当拓宽渠道，采取补贴、培训等措施，引导高等学校毕业生到中小企业就业，帮助中小企业引进创新人才。

国家鼓励科研机构、高等学校和大型企业等创造条件向中小企业开放试验设施，开展技术研发与合作，帮助中小企业开发新产品，培养专业人才。

国家鼓励科研机构、高等学校支持本单位的科技人员以兼职、挂职、参与项目合作等形式到中小企业从事产学研合作和科技成果转化活动，并按照国家有关规定取得相应报酬。

第六章　市场开拓

第三十八条 国家完善市场体系，实行统一的市场准入和市场监管制度，反对垄断和不正当竞争，营造中小企业公平参与竞争的市场环境。

第三十九条 国家支持大型企业与中小企业建立以市场配置资源为基础的、稳定的原材料供应、生产、销售、服务外包、技术开发和技术改造等方面的协作关系，带动和促进中小企业发展。

第四十条 国务院有关部门应当制定中小企业政府采购的相关优惠政策，通过制定采购需求标准、预留采购份额、价格评审优惠、优先采购等措施，提高中小企业在政府采购中的份额。

向中小企业预留的采购份额应当占本部门年度政府采购项目预算总额的百分之三十以上；其中，预留给小型微型企业的比例不低于百分之六十。中小企业无法提供的商品和服务除外。

政府采购不得在企业股权结构、经营年限、经营规模和财务指标等方面对中小企业实行差别待遇或者歧视待遇。

政府采购部门应当在政府采购监督管理部门指定的媒体上及时向社会公开发布采购信息，为中小企业获得政府采购合同提供指导和服务。

第四十一条 县级以上人民政府有关部门应当在法律咨询、知识产权保护、技术性贸易措施、产品认证等方面为中小企业产品和服务出口提供指导和帮助，推动对外经济技术合作与交流。

国家有关政策性金融机构应当通过开展进出口信贷、出口信用保险等业务，支持中小企业开拓境外市场。

第四十二条 县级以上人民政府有关部门应当为中小企业提供用汇、人员出入境等方面的便利，支持中小企业到境外投资，开拓国际市场。

第七章 服务措施

第四十三条 国家建立健全社会化的中小企业公共服务体系，为中小企业提供服务。

第四十四条 县级以上地方各级人民政府应当根据实际需要建立和完善中小企业公共服务机构，为中小企业提供公益性服务。

第四十五条 县级以上人民政府负责中小企业促进工作综合管理的部门应当建立跨部门的政策信息互联网发布平台，及时汇集涉及中小企业的法律法规、创业、创新、金融、市场、权益保护等各类政府服务信息，为中小企业提供便捷无偿服务。

第四十六条 国家鼓励各类服务机构为中小企业提供创业培训与辅导、知识产权保护、管理咨询、信息咨询、信用服务、市场营销、项目开发、投资融资、财会税务、产权交易、技术支持、人才引进、对外合作、展览展销、法律咨询等服务。

第四十七条 县级以上人民政府负责中小企业促进工作综合管理的部门应当安排资金，有计划地组织实施中小企业经营管理人员培训。

第四十八条 国家支持有关机构、高等学校开展针对中小企业经营管理及生产技术等方面的人员培训，提高企业营销、管理和技术水平。

国家支持高等学校、职业教育院校和各类职业技能培训机构与中小企业合作共建实习实践基地，支持职业教育院校教师和中小企业技术人才双向交流，创新中小企业人才培养模式。

第四十九条 中小企业的有关行业组织应当依法维护会员的合法权益，反映会员诉求，加强自律管理，为中小企业创业创新、开拓市场等提供服务。

第八章 权益保护

第五十条 国家保护中小企业及其出资人的财产权和其他合法权益。任何单位和个人不得侵犯中小企业财产及其合法收益。

第五十一条 县级以上人民政府负责中小企业促进工作综合管理的部门应当建立专门渠道，听取中小企业对政府相关管理工作的意见和建议，并及时向有关部门反馈，督促改进。

县级以上地方各级人民政府有关部门和有关行业组织应当公布联系方式，受理中小企业的投诉、举报，并在规定的时间内予以调查、处理。

第五十二条 地方各级人民政府应当依法实施行政许可，依法开展管理工作，不得实施没有法律、法规依据的检查，不得强制或者变相强制中小企业参加考核、评比、表彰、培训等活动。

第五十三条 国家机关、事业单位和大型企业不得违约拖欠中小企业的货物、工程、服务款项。

中小企业有权要求拖欠方支付拖欠款并要求对拖欠造成的损失进行赔偿。

第五十四条 任何单位不得违反法律、法规向中小企业收取费用，不得实施没有法律、法规依据的罚款，不得向中小企业摊派财物。中小企业对违反上述规定的行为有权拒绝和举报、控告。

第五十五条 国家建立和实施涉企行政事业性收费目录清单制度，收费目录清单及其实施情况向社会公开，接受社会监督。

任何单位不得对中小企业执行目录清单之外的行政事业性收费，不得对中小企业擅自提高收费标准、扩大收费范围；严禁以各种方式强制中小企业赞助捐赠、订购报刊、加入社团、接受指定服务；严禁行业组织依靠代行政府职能或者利用行政资源擅自设立收费项目、提高收费标准。

第五十六条 县级以上地方各级人民政府有关部门对中小企业实施监督检

查应当依法进行，建立随机抽查机制。同一部门对中小企业实施的多项监督检查能够合并进行的，应当合并进行；不同部门对中小企业实施的多项监督检查能够合并完成的，由本级人民政府组织有关部门实施合并或者联合检查。

第九章　监督检查

第五十七条　县级以上人民政府定期组织对中小企业促进工作情况的监督检查；对违反本法的行为及时予以纠正，并对直接负责的主管人员和其他直接责任人员依法给予处分。

第五十八条　国务院负责中小企业促进工作综合管理的部门应当委托第三方机构定期开展中小企业发展环境评估，并向社会公布。

地方各级人民政府可以根据实际情况委托第三方机构开展中小企业发展环境评估。

第五十九条　县级以上人民政府应当定期组织开展对中小企业发展专项资金、中小企业发展基金使用效果的企业评价、社会评价和资金使用动态评估，并将评价和评估情况及时向社会公布，接受社会监督。

县级以上人民政府有关部门在各自职责范围内，对中小企业发展专项资金、中小企业发展基金的管理和使用情况进行监督，对截留、挤占、挪用、侵占、贪污中小企业发展专项资金、中小企业发展基金等行为依法进行查处，并对直接负责的主管人员和其他直接责任人员依法给予处分；构成犯罪的，依法追究刑事责任。

第六十条　县级以上地方各级人民政府有关部门在各自职责范围内，对强制或者变相强制中小企业参加考核、评比、表彰、培训等活动的行为，违法向中小企业收费、罚款、摊派财物的行为，以及其他侵犯中小企业合法权益的行为进行查处，并对直接负责的主管人员和其他直接责任人员依法给予处分。

第十章　附　则

第六十一条　本法自2018年1月1日起施行。

工业和信息化部中小企业局局长就《中小企业促进法》的修订颁布答记者问

问：中小企业是国民经济的重要组成部分，在促进经济增长、推动创新、吸纳就业、改善民生等方面发挥着不可替代的作用，在“大众创业、万众创新”背景下，新修订的《中小企业促进法》有哪些亮点？

答：总体看，新修订的《中小企业促进法》坚持发挥市场决定性作用，强化了政府扶持力度，着力解决中小企业面临的突出问题，与现行法律政策良好衔接的同时增强了针对性和可操作性，与时俱进，内容更广泛、更具体，前瞻性更强。与之前的法律相比，变动较大、亮点不少，主要体现在以下五个方面。

一是进一步明确了法律贯彻落实责任主体。全国中小企业工作由国务院负责企业工作的部门综合协调、指导和服务，随着政府机构改革和职能调整，负责企业工作的政府部门分散，法律实施责任主体界定不清，易导致政策零散、职能弱化、交叉和缺位等现象，为此，新修订的《中小企业促进法》在国务院和地方两个层面明确了法律贯彻落实的责任主体。

二是进一步规范了财税支持的相关政策。财税政策是促进中小企业发展的重要手段，新修订的《中小企业促进法》总结近年来实践经验，在专项资金、中小企业发展基金和税收优惠政策等方面规范了财税支持的相关政策。

三是进一步完善了融资促进的相关举措。新修订的《中小企业促进法》将“融资促进”单设一章，体现了对促进中小企业融资工作的重视程度。从宏观调控、金融监管、普惠金融、融资方式等层面多措并举，全方位优化中小企业的融资环境。

四是更加重视中小企业的权益保护。实践中关于营造公平的市场秩序、增强中小企业权益保护的呼声和要求很高，为此，新修订的《中小企业促进法》增设了“权益保护”专章，在收款权益、涉企收费、现场检查等方面切实保护中小企业合法权益。

五是强化了中小企业管理部门监督检查职能。为了加强法律执行情况监督检查，保障法律的有效实施，新修订的《中小企业促进法》增设了“监督检查”专章。

此外，新修订的《中小企业促进法》对创业创新、市场开拓、服务措施等方面也做了不少重要的补充和修改。

问：新修订的《中小企业促进法》关于法律贯彻落实责任主体做出哪些明确规定？

答：一是在国家层面法律落实责任主体得到进一步明确。新修订的《中小企业促进法》明确规定，“国务院负责中小企业促进工作综合管理的部门组织实施促进中小企业发展政策，对中小企业促进工作进行宏观指导、综合协调和监督检查。”

二是在地方层面法律落实责任主体也得到进一步明确。新修订的《中小企业促进法》明确规定，“县级以上地方各级人民政府根据实际情况建立中小企业促进工作协调机制，明确相应的负责中小企业促进工作综合管理的部门，负责本行政区域内的中小企业促进工作。”

问：财税政策在支持中小企业发展方面发挥着重要作用，《中小企业促进法》在财税政策领域提出哪些规定？

答：新修订的《中小企业促进法》在财税政策领域主要提出三点规定。

一是明确提出中央财政在本级预算中安排中小企业发展专项资金，《中小企业促进法》中规定“中央财政应当在本级预算中设立中小企业科目，安排中小企业发展专项资金”。同时，进一步规范中小企业发展专项资金的管理和使用，规定中小企业发展专项资金将“重点用于支持中小企业公共服务体系和融资服务体系建设”。

二是对中小企业发展基金的性质和操作运营进行了补充细化，结合国务院有关基金设立批复方案，规定“国家中小企业发展基金应当遵循政策性导向和市场化运作原则，主要用于引导和带动社会资金支持初创期中小企业”。

三是将部分现行的税收优惠政策上升为法律，如规定“国家实行有利于小型微型企业发展的税收政策，对符合条件的小型微型企业按照规定实行减征、免征企业所得税、增值税等措施”。

问：“融资难融资贵”是制约中小企业生存和发展的关键瓶颈之一，在促进中小企业融资方面，新修订的《中小企业促进法》提出哪些相关规定?

答：在宏观调控层面，明确提出“中国人民银行应当综合运用货币政策工具鼓励和引导金融机构加大对小型微型企业的信贷支持，改善小型微型企业融资环境”。

在金融监管层面，进一步提出国务院银行业监督管理机构对金融机构开展小型微型企业金融服务应当制定差异化监管政策，采取合理提高小型微型企业不良贷款容忍度等措施，引导金融机构增加小型微型企业融资规模和比重。

在普惠金融层面，明确了推进和支持普惠金融体系建设，推动中小银行、非存款类放贷机构和互联网金融有序健康发展，引导银行业金融机构向县域和乡镇等小型微型企业金融服务薄弱地区延伸网点和业务。国有大型商业银行应当设立普惠金融机构，为小型微型企业提供金融服务。

在融资方式层面，提出健全多层次资本市场体系，多渠道推动股权融资，发展并规范债券市场，促进中小企业利用多种方式直接融资。完善担保融资制度，支持金融机构为中小企业提供以应收账款、知识产权、存货、机器设备等为担保品的担保融资，进一步明确提出中小企业以应收账款申请担保融资时，其应收账款的付款方，应当及时确认债权债务关系，支持中小企业融资。

此外，新修订的《中小企业促进法》在政策性信用担保体系、风险补偿和征信评级等方面也做出相关规定。

问：在中小企业权益保护方面，新修订的《中小企业促进法》提出哪些新亮点?

答：新修订的《中小企业促进法》增设“权益保护”专章，加大中小企业权益保护力度，具体表现在以下三个方面。

一是规定国家保护中小企业及其出资人的合法权益。

二是设立拖欠货款解决条款，保护中小企业的合法收款权益。新修订的《中小企业促进法》明确规定，“国家机关、事业单位和大型企业不得违约拖欠中小企业的货物、工程、服务款项。中小企业有权要求拖欠方支付拖欠款并要求对拖欠款造成的损失进行赔偿。”

三是将规范涉企收费、现场检查等行为的相关政策上升为法律。规定建立和实施涉企行政事业性收费目录清单制度，严禁行业组织依靠代行政府职能或利用行政资源擅自设立收费项目，提高收费标准。

问：在加强法律执行、保障法律落实方面，新修订的《中小企业促进法》做出哪些相关规定？

答：新修订的《中小企业促进法》在增设的“监督检查”专章明确提出了县级以上人民政府定期组织对中小企业促进工作情况的监督检查。明确了国务院负责中小企业促进工作综合管理的部门应委托第三方机构定期开展中小企业发展环境评估，并向社会公布。明确规定了县级以上人民政府及有关部门的监督检查职责，并对中小企业发展专项资金、中小企业发展基金管理和使用情况的监督作出了相关规定。同时，对强制或者变相强制中小企业参加考核、评比、表彰、培训等活动的行为以及违反法律、法规向中小企业收费、罚款、摊派财务等行为的查处作出了明确规定。

问：新修订的《中小企业促进法》在创业创新、市场开拓、服务措施等方面作出哪些重要补充和修改？

答：在创业创新方面，提出优化审批流程，实现中小企业行政许可便捷，简化中小企业注销登记程序，实现中小企业市场退出程序便利化，并在立法层面上明确中小企业固定资产加速折旧和研究开发费用加计扣除的相关政策，引导中小企业加大研发、技术改造投入。

在市场开拓方面，明确提出完善市场体系，实行统一的市场准入和市场监管制度，反对垄断和不正当竞争，营造中小企业公平参与竞争的市场环境。同时，进一步细化了政府采购促进中小企业发展相关政策，将现行的政府采购促进中小企业发展相关政策上升到法律，规定国务院有关部门应当制定中小企业政府采购的相关优惠政策，提高中小企业在政府采购中的份额，增强了法律的可操作性。

在服务措施方面，提出建立跨部门的政策信息互联网发布平台，并明确规定各地有计划地组织实施中小企业经营管理人员培训工作等。

来源：工信部网站

[行政法规、法规性文件与解读]

国务院办公厅

关于完善反洗钱、反恐怖融资、反逃税监管体制机制的意见

2017 年 8 月 29 日　　　　国办函〔2017〕84 号

反洗钱工作部际联席会议各成员单位：

反洗钱、反恐怖融资、反逃税（以下统称“三反”）监管体制机制是建设中国特色社会主义法治体系和现代金融监管体系的重要内容，是推进国家治理体系和治理能力现代化、维护经济社会安全稳定的重要保障，是参与全球治理、扩大金融业双向开放的重要手段。反洗钱法公布实施以来，我国“三反”监管体制机制建设取得重大进展，工作成效明显，与国际通行标准基本保持一致。同时也要看到，相关领域仍然存在一些突出矛盾和问题，主要是监管制度尚不健全、协调合作机制仍不顺畅、跨部门数据信息共享程度不高、履行反洗钱义务的机构（以下简称反洗钱义务机构）履职能力不足、国际参与度和话语权与我国国际地位不相称等。为深入持久推进“三反”监管体制机制建设，完善“三反”监管措施，经国务院同意，现提出如下意见。

一、总体要求

（一）指导思想。

全面贯彻党的十八大和十八届三中、四中、五中、六中全会精神，以邓小

平理论、“三个代表”重要思想、科学发展观为指导，深入贯彻习近平总书记系列重要讲话精神和治国理政新理念新思想新战略，认真落实党中央、国务院决策部署，坚持总体国家安全观，遵循推进国家治理体系和治理能力现代化的要求，完善“三反”监管体制机制。

（二）基本原则。

坚持问题导向，发挥工作合力。进一步解放思想，从基本国情和实际工作需要出发，深入研究、有效解决“三反”监管体制机制存在的问题。反洗钱行政主管部门、税务机关、公安机关要切实履职，国务院银行业、证券、保险监督管理机构及其他相关单位要发挥工作积极性，形成“三反”合力。探索建立以金融情报为纽带、以资金监测为手段、以数据信息共享为基础、符合国家治理需要的“三反”监管体制机制。

坚持防控为本，有效化解风险。开展全面科学的风险评估，根据风险水平和分布进一步优化监管资源配置，强化高风险领域监管。同时，不断优化风险评估机制和监测分析系统，健全风险预防体系，有效防控洗钱、恐怖融资和逃税风险。

坚持立足国情，为双向开放提供服务保障。根据国内洗钱、恐怖融资和逃税风险实际情况，逐步建立健全“三反”法律制度和监管规则。根据有关国际条约或者按照平等互利原则开展国际合作。忠实履行我国应当承担的国际义务，严格执行国际标准，加强跨境监管合作，切实维护我国金融机构合法权益，为金融业双向开放保驾护航。

坚持依法行政，充分发挥反洗钱义务机构主体作用。依法确定相关单位职责，确保各司其职，主动作为，严控风险。重视和发挥反洗钱义务机构在预防洗钱、恐怖融资和逃税方面的“第一道防线”作用。

（三）目标要求。

到2020年，初步形成适应社会主义市场经济要求、适合中国国情、符合国际标准的“三反”法律法规体系，建立职责清晰、权责对等、配合有力的“三反”监管协调合作机制，有效防控洗钱、恐怖融资和逃税风险。

二、健全工作机制

（四）加强统筹协调，完善组织机制。进一步完善反洗钱工作部际联席会议制度，统筹“三反”监管工作。以反洗钱工作部际联席会议为依托，强化部门间“三反”工作组织协调机制，制定整体战略、重要政策和措施，推动贯彻落实，指导“三反”领域国际合作，加强监管合作。

（五）研究设计洗钱和恐怖融资风险评估体系，建立反洗钱和反恐怖融资战略形成机制。积极发挥风险评估在发现问题、完善体制机制、配置资源方面的基础性作用，开展风险导向的反洗钱和反恐怖融资战略研究。建立国家层面的洗钱和恐怖融资风险评估指标体系和评估机制，成立由反洗钱行政主管部门、税务机关、公安机关、国家安全机关、司法机关以及国务院银行业、证券、保险监督管理机构和其他行政机关组成的洗钱和恐怖融资风险评估工作组，定期开展洗钱和恐怖融资风险评估工作。以风险评估发现的问题为导向，制定并定期更新反洗钱和反恐怖融资战略，确定反洗钱和反恐怖融资工作的阶段性目标、主要任务和重大举措，明确任务分工，加大高风险领域反洗钱监管力度。建立多层次评估结果运用机制，由相关单位和反洗钱义务机构根据评估结果有针对性地完善反洗钱和反恐怖融资工作，提升资源配置效率，提高风险防控有效性。

（六）强化线索移送和案件协查，优化打击犯罪合作机制。加强反洗钱行政主管部门、税务机关与监察机关、侦查机关、行政执法机关间的沟通协调，进一步完善可疑交易线索合作机制，加强情报会商和信息反馈机制，分析洗钱、恐怖融资和逃税的形势与趋势，不断优化反洗钱调查的策略、方法和技术。反洗钱行政主管部门要加强可疑交易线索移送和案件协查工作，相关单位要加强对线索使用查处情况的及时反馈，形成打击洗钱、恐怖融资和逃税的合力，维护金融秩序和社会稳定。

（七）加强监管协调，健全监管合作机制。在行业监管规则中嵌入反洗钱监管要求，构建涵盖事前、事中、事后的完整监管链条。充分发挥反洗钱工作部际联席会议作用，加强反洗钱行政主管部门和金融监管部门之间的协调，完善监管制度、政策和措施，开展联合监管行动，共享监管信息，协调跨境监管合作。

（八）依法使用政务数据，健全数据信息共享机制。以依法合规为前提、资源整合为目标，探索研究“三反”数据信息共享标准和统计指标体系，明确相关单位的数据提供责任和数据使用权限。稳步推进数据信息共享机制建设，既要严格依法行政，保护商业秘密和个人隐私，又要推进相关数据库建设，鼓励各方参与共享。建立相关单位间的电子化网络，为实现安全、高效的数据信息共享提供支撑。

（九）优化监管资源配置，研究完善监管资源保障机制。按照金融领域全覆盖、特定非金融行业高风险领域重点监管的目标，适时扩大反洗钱、反恐怖融资监管范围。优化监管资源配置与使用，统筹考虑“三反”监管资源保障问题，为“三反”监管提供充足人力物力。

三、完善法律制度

（十）推动研究完善相关刑事立法，修改惩治洗钱犯罪和恐怖融资犯罪相关规定。按照我国参加的国际公约和明确承诺执行的国际标准要求，研究扩大洗钱罪的上游犯罪范围，将上游犯罪本犯纳入洗钱罪的主体范围。对照国际公约要求，根据我国反恐实际需要，推动逐步完善有关恐怖融资犯罪的刑事立法，加强司法解释工作。研究建立相关司法工作激励机制，提升反洗钱工作追偿效果。

（十一）明确执行联合国安理会反恐怖融资相关决议的程序。建立定向金融制裁名单的认定发布制度，明确相关单位在名单提交、审议、发布、监督执行、除名等方面的职责分工。完善和细化各行政主管部门、金融监管部门和反洗钱义务机构执行联合国安理会反恐怖融资决议要求的程序规定和监管措施，进一步明确资产冻结时效、范围、程序、善意第三人保护及相关法律责任，保证联合国安理会相关决议执行时效。

（十二）加强特定非金融机构风险监测，探索建立特定非金融机构反洗钱和反恐怖融资监管制度。加强反洗钱行政主管部门、税务机关与特定非金融行业主管部门间的协调配合，密切关注非金融领域的洗钱、恐怖融资和逃税风险变化情况，对高风险行业开展风险评估，研究分析行业洗钱、恐怖融资和逃税风险分布及发展趋势，提出“三反”监管政策建议。对于反洗钱国际标准明确提出要求的房地产中介、贵金属和珠宝玉石销售、公司服务等行业及其他存在较高风险的特定非金融行业，逐步建立反洗钱和反恐怖融资监管制度。按照

“一业一策”原则，由反洗钱行政主管部门会同特定非金融行业主管部门发布特定行业的反洗钱和反恐怖融资监管制度，根据行业监管现状、被监管机构经营特点等确定行业反洗钱和反恐怖融资监管模式。积极发挥行业协会和自律组织的作用，指导行业协会制定本行业反洗钱和反恐怖融资工作指引。

（十三）加强监管政策配套，健全风险防控制度。研究建立各监管部门对新成立反洗钱义务机构、非营利组织及其董事、监事和高级管理人员的反洗钱背景审查制度，严格审核发起人、股东、实际控制人、最终受益人和董事、监事、高级管理人员背景，审查资金来源和渠道，从源头上防止不法分子通过创设组织机构进行洗钱、恐怖融资和逃税活动。研究各类无记名可转让有价证券的洗钱风险以及需纳入监管的重点，研究无记名可转让有价证券价值甄别和真伪核验技术，明确反洗钱行政主管部门与海关监管分工，推动对跨境携带无记名可转让有价证券的监管及通报制度尽快出台。制定海关向反洗钱行政主管部门、公安机关、国家安全机关通报跨境携带现金信息的具体程序，完善跨境异常资金监测制度。

四、健全预防措施

（十四）建立健全防控风险为本的监管机制，引导反洗钱义务机构有效化解风险。以有效防控风险为目标，持续优化反洗钱监管政策框架，合理确定反洗钱监管风险容忍度，建立健全监管政策传导机制，督促、引导、激励反洗钱义务机构积极主动加强洗钱和恐怖融资风险管理，充分发挥其在预防洗钱、恐怖融资和逃税方面的“第一道防线”作用。综合运用反洗钱监管政策工具，推行分类监管，完善风险预警和应急处置机制，切实强化对高风险市场、高风险业务和高风险机构的反洗钱监管。

（十五）强化法人监管措施，提升监管工作效率。反洗钱行政主管部门和国务院银行业、证券、保险监督管理机构要加强反洗钱监管，以促进反洗钱义务机构自我管理、自主管理风险为目标，逐步建立健全法人监管框架。围绕法人机构和分支机构、集团公司和子公司在风险管理中的不同定位和功能，对反洗钱监管政策适度分层分类。加强反洗钱义务机构总部内控机制要求，强化董事、监事和高级管理人员责任，督促反洗钱义务机构提高履行反洗钱义务的执行力。探索建立与法人监管相适应的监管分工合作机制，搭建满足法人监管需要的技术平台，逐步实现反洗钱监管信息跨区域共享。在严格遵守保密规定的前提下，研究建立反洗钱义务机构之间的反洗钱工作信息交流平台和交流机制。

（十六）健全监测分析体系，提升监测分析水平。不断拓宽反洗钱监测分析数据信息来源，依法推动数据信息在相关单位间的双向流动和共享。强化反洗钱监测分析工作的组织协调，有针对性地做好对重点领域、重点地区、重点人群的监测分析工作。不断延伸反洗钱监管触角，将相关单位关于可疑交易报告信息使用情况的反馈信息和评价意见，作为反洗钱行政主管部门开展反洗钱义务机构可疑交易报告评价工作的重要依据。丰富非现场监管政策工具，弥补书面审查工作的不足。发挥会计师事务所、律师事务所等专业服务机构在反洗钱监测预警和依法处置中的积极作用，研究专业服务机构有关反洗钱的制度措施。

（十七）鼓励创新和坚守底线并重，妥善应对伴随新业务和新业态出现的风险。建立健全反洗钱义务机构洗钱和恐怖融资风险自评估制度，对新产品、新业务、新技术、新渠道产生的洗钱和恐怖融资风险自主进行持续识别和评估，动态监测市场风险变化，完善有关反洗钱监管要求。强化反洗钱义务机构自主管理风险的责任，反洗钱义务机构推出新产品、新业务前，须开展洗钱和恐怖融资风险自评估，并按照风险评估结果采取有效的风险防控措施。鼓励反洗钱义务机构利用大数据、云计算等新技术提升反洗钱和反恐怖融资工作有效性。

（十八）完善跨境异常资金监控机制，预防打击跨境金融犯罪活动。以加强异常交易监测为切入点，综合运用外汇交易监测、跨境人民币交易监测和反洗钱资金交易监测等信息，及时发现跨境洗钱和恐怖融资风险。遵循反洗钱国际标准有关支付清算透明度的要求，指导金融机构加强风险管理，增强跨境人民币清算体系的“三反”监测预警功能，维护人民币支付清算体系的良好声誉，降低金融机构跨境业务风险。

（十九）建立健全培训教育机制，培养建设专业人才队伍。建立全面覆盖各类反洗钱义务机构的反洗钱培训教育机制，提升相关人员反洗钱工作水平。

积极鼓励创新反洗钱培训教育形式，充分利用现代科技手段扩大受众范围，加大对基层人员的教育培训力度。

五、严惩违法犯罪活动

（二十）有效整合稽查资源，严厉打击涉税违法犯罪。建立健全随机抽查制度和案源管理制度，增强稽查质效。推行风险管理导向下的定向稽查模式，增强稽查的精准性和震慑力。防范和打击税基侵蚀及利润转移。在全国范围内开展跨部门、跨区域专项打击行动，联合查处一批骗取出口退税和虚开增值税专用发票重大案件，摧毁一批职业化犯罪团伙和网络，严惩一批违法犯罪企业和人员，挽回国家税款损失，有效遏制骗取出口退税和虚开增值税专用发票违法犯罪活动高发多发势头，维护国家税收秩序和税收安全。

（二十一）建立打击关税违法犯罪活动合作机制。加强反洗钱行政主管部门与海关缉私部门的协作配合，合力打击偷逃关税违法犯罪活动。反洗钱行政主管部门要与海关缉私部门联合开展有关偷逃关税非法资金流动特征模型的研究，提升对偷逃关税违法犯罪资金线索的监测分析能力，及时向海关缉私部门通报；会同国务院银行业监督管理机构积极协助海关缉私部门打击偷逃关税违法犯罪活动资金交易，扩大打击偷逃关税违法犯罪活动成果，形成打击合力。海关缉私部门要及时将工作中发现的洗钱活动线索通报反洗钱行政主管部门及相关有权机关，积极协助反洗钱行政主管部门及相关有权机关开展工作。

（二十二）加大反洗钱调查工作力度，建立健全洗钱类型分析工作机制。进一步规范反洗钱调查工作程序，完善反洗钱调查流程，优化调查手段，加强可疑交易线索分析研判，加强反洗钱调查和线索移送，积极配合有权机关的协查请求，不断增强反洗钱调查工作实效。加强洗钱类型分析和风险提示，指导反洗钱义务机构开展洗钱类型分析，及时向反洗钱义务机构发布洗钱风险提示，督促反洗钱义务机构加强风险预警。

六、深化国际合作

（二十三）做好反洗钱和反恐怖融资互评估，树立良好国际形象。切实履行成员义务，积极做好金融行动特别工作组（FATF）反洗钱和反恐怖融资互评估。将国际组织评估作为完善和改进反洗钱工作的重要契机，组织动员相关单位和反洗钱义务机构，严格对照反洗钱国际标准，结合我国实际情况，切实提高反洗钱工作合规性和有效性。

（二十四）深化反洗钱国际合作，促进我国总体战略部署顺利实施。进一步深入参与反洗钱国际标准研究、制定和监督执行，积极参与反洗钱国际（区域）组织内部治理改革和重大决策，提升我国在反洗钱国际（区域）组织中的话语权和影响力。继续加强反洗钱双边交流与合作，推进中美反洗钱和反恐怖融资监管合作。建立与部分重点国家（地区）的反洗钱监管合作机制，督促指导中资金融机构及其海外分支机构提升反洗钱工作意识和水平，维护其合法权益。配合“一带一路”倡议，做好与周边国家（地区）的反洗钱交流与合作。加强沟通协调，稳步推进加入埃格蒙特集团相关工作。利用国际金融情报交流平台，拓展反洗钱情报渠道。

（二十五）深化反逃税国际合作，维护我国税收权益。深度参与二十国集团税制改革成果转化，积极参与国际税收规则制定，积极发出中国声音，提出中国方案，贡献中国智慧，切实提升中国税务话语权。加强双多边税收合作，充分发挥国际税收信息交换的作用，提高税收透明度，严厉打击国际逃避税，充分发挥反逃避税对反洗钱的积极作用，同时运用好反洗钱机制，不断提高反逃避税的精准度。

七、创造良好社会氛围

（二十六）加强自律管理，充分发挥自律组织积极作用。各主管部门要指导相关行业协会积极参与“三反”工作，制定反洗钱自律规则和工作指引，加强自律管理，强化反洗钱义务机构守法、诚信、自律意识，推动反洗钱义务机构积极参与和配合“三反”工作，促进反洗钱义务机构之间交流信息和经验，营造积极健康的反洗钱合规环境。

（二十七）持续开展宣传教育，提升社会公众参与配合意识。建立常态化的“三反”宣传教育机制，向社会公众普及“三反”基本常识，提示风险，提高社会公众自我保护能力。采取灵活多样的形式开展宣传教育，提升社会公众“三反”意识，增强其主动配合“三反”工作的意愿，为开展“三反”工作营造良好氛围。

[司法解释、司法解释性文件与解读]

最高人民法院

关于适用《中华人民共和国公司法》若干问题的规定（四）

法释〔2017〕16号

（2016年12月5日最高人民法院审判委员会第1702次会议通过 2017年8月25日最高人民法院公告公布 自2017年9月1日起施行）

为正确适用《中华人民共和国公司法》，结合人民法院审判实践，现就公司决议效力、股东知情权、利润分配权、优先购买权和股东代表诉讼等案件适用法律问题作出如下规定。

第一条 公司股东、董事、监事等请求确认股东会或者股东大会、董事会决议无效或者不成立的，人民法院应当依法予以受理。

第二条 依据公司法第二十二条第二款请求撤销股东会或者股东大会、董事会决议的原告，应当在起诉时具有公司股东资格。

第三条 原告请求确认股东会或者股东大会、董事会决议不成立、无效或者撤销决议的案件，应当列公司为被告。对决议涉及的其他利害关系人，可以依法列为第三人。

一审法庭辩论终结前，其他有原告资格的人以相同的诉讼请求申请参加前款规定诉讼的，可以列为共同原告。

第四条 股东请求撤销股东会或者股东大会、董事会决议，符合公司法第二十二条第二款规定的，人民法院应当予以支持，但会议召集程序或者表决方式仅有轻微瑕疵，且对决议未产生实质影响的，人民法院不予支持。

第五条 股东会或者股东大会、董事会决议存在下列情形之一，当事人主张决议不成立的，人民法院应当予以支持：

（一）公司未召开会议的，但依据公司法第三十七条第二款或者公司章程规定可以不召开股东会或者股东大会而直接作出决定，并由全体股东在决定文件上签名、盖章的除外；

（二）会议未对决议事项进行表决的；

（三）出席会议的人数或者股东所持表决权不符合公司法或者公司章程规定的；

（四）会议的表决结果未达到公司法或者公司章程规定的通过比例的；

（五）导致决议不成立的其他情形。

第六条 股东会或者股东大会、董事会决议被人民法院判决确认无效或者撤销的，公司依据该决议与善意相对人形成的民事法律关系不受影响。

第七条 股东依据公司法第三十三条、第九十七条或者公司章程的规定，起诉请求查阅或者复制公司特定文件材料的，人民法院应当依法予以受理。

公司有证据证明前款规定的原告在起诉时不具有公司股东资格的，人民法院应当驳回起诉，但原告有初步证据证明在持股期间其合法权益受到损害，请求依法查阅或者复制其持股期间的公司特定文件材料的除外。

第八条 有限责任公司有证据证明股东存在下列情形之一的，人民法院应当认定股东有公司法第三十三条第二款规定的“不正当目的”：

（一）股东自营或者为他人经营与公司主营业务有实质性竞争关系业务的，但公司章程另有规定或者全体股东另有约定的除外；

（二）股东为了向他人通报有关信息查阅公司会计账簿，可能损害公司合法利益的；

（三）股东在向公司提出查阅请求之日前的三年内，曾通过查阅公司会计账簿，向他人通报有关信息损害公司合法利益的；

（四）股东有不正当目的的其他情形。

第九条 公司章程、股东之间的协议等实质性剥夺股东依据公司法第三十三条、第九十七条规定查阅或者复制公司文件材料的权利，公司以此为由拒绝股东查阅或者复制的，人民法院不予支持。

第十条 人民法院审理股东请求查阅或者复制公司特定文件材料的案件，对原告诉讼请求予以支持的，应当在判决中明确查阅或者复制公司特定文件材料的时间、地点和特定文件材料的名录。

股东依据人民法院生效判决查阅公司文件材料的，在该股东在场的情况下，可以由会计师、律师等依法或者依据执业行为规范负有保密义务的中介机构执业人员辅助进行。

第十一条 股东行使知情权后泄露公司商业秘密导致公司合法利益受到损害，公司请求该股东赔偿相关损失的，人民法院应当予以支持。

根据本规定第十条辅助股东查阅公司文件材料的会计师、律师等泄露公司商业秘密导致公司合法利益受到损害，公司请求其赔偿相关损失的，人民法院应当予以支持。

第十二条 公司董事、高级管理人员等未依法履行职责，导致公司未依法制作或者保存公司法第三十三条、第九十七条规定的公司文件材料，给股东造成损失，股东依法请求负有相应责任的公司董事、高级管理人员承担民事赔偿责任的，人民法院应当予以支持。

第十三条 股东请求公司分配利润案件，应当列公司为被告。

一审法庭辩论终结前，其他股东基于同一分配方案请求分配利润并申请参加诉讼的，应当列为共同原告。

第十四条 股东提交载明具体分配方案的股东会或者股东大会的有效决议，请求公司分配利润，公司拒绝分配利润且其关于无法执行决议的抗辩理由不成立的，人民法院应当判决公司按照决议载明的具体分配方案向股东分配利润。

第十五条 股东未提交载明具体分配方案的股东会或者股东大会决议，请求公司分配利润的，人民法院应当驳回其诉讼请求，但违反法律规定滥用股东权利导致公司不分配利润，给其他股东造成损失的除外。

第十六条 有限责任公司的自然人股东因继承发生变化时，其他股东主张依据公司法第七十一条第三款规定行使优先购买权的，人民法院不予支持，但公司章程另有规定或者全体股东另有约定的除外。

第十七条 有限责任公司的股东向股东以外的人转让股权，应就其股权转让事项以书面或者其他能够确认收悉的合理方式通知其他股东征求同意。其他股东半数以上不同意转让，不同意的股东不购买的，人民法院应当认定视为同意转让。

经股东同意转让的股权，其他股东主张转让股东应当向其以书面或者其他能够确认收悉的合理方式通知转让股权的同等条件的，人民法院应当予以支持。

经股东同意转让的股权，在同等条件下，转让股东以外的其他股东主张优先购买的，人民法院应当予以支持，但转让股东依据本规定第二十条放弃转让的除外。

第十八条 人民法院在判断是否符合公司法第七十一条第三款及本规定所称的“同等条件”时，应当考虑转让股权的数量、价格、支付方式及期限等因素。

第十九条 有限责任公司的股东主张优先购买转让股权的，应当在收到通知后，在公司章程规定的行使期间内提出购买请求。公司章程没有规定行使期间或者规定不明确的，以通知确定的期间为准，通知确定的期间短于三十日或者未明确行使期间的，行使期间为三十日。

第二十条 有限责任公司的转让股东，在其他股东主张优先购买后又不同意转让股权的，对其他股东优先购买的主张，人民法院不予支持，但公司章程另有规定或者全体股东另有约定的除外。其他股东主张转让股东赔偿其损失合理的，人民法院应当予以支持。

第二十一条 有限责任公司的股东向股东以外的人转让股权，未就其股权转让事项征求其他股东意见，或者以欺诈、恶意串通等手段，损害其他股东优先购买权，其他股东主张按照同等条件购买该转让股权的，人民法院应当予以支持，但其他股东自知道或者应当知道行使优先购买权的同等条件之日起三十日内没有主张，或者自股权变更登记之日起超过一年的除外。

前款规定的其他股东仅提出确认股权转让合同及股权变动效力等请求，未同时主张按照同等条件购买转让股权的，人民法院不予支持，但其他股东非因自身原因导致无法行使优先购买权，请求损害赔偿的除外。

股东以外的股权受让人，因股东行使优先购买权而不能实现合同目的的，可以依法请求转让股东承担相应民事责任。

第二十二条 通过拍卖向股东以外的人转让有限责任公司股权的，适用公司法第七十一条第二款、第三款或者第七十二条规定的“书面通知”“通知”“同等条件”时，根据相关法律、司法解释确定。

在依法设立的产权交易场所转让有限责任公司国有股权的，适用公司法第七十一条第二款、第三款或者第七十二条规定的“书面通知”“通知”“同等条件”时，可以参照产权交易场所的交易规则。

第二十三条 监事会或者不设监事会的有限责任公司的监事依据公司法第一百五十一条第一款规定对董事、高级管理人员提起诉讼的，应当列公司为原告，依法由监事会主席或者不设监事会的有限责任公司的监事代表公司进行诉讼。

董事会或者不设董事会的有限责任公司的执行董事依据公司法第一百五十一条第一款规定对监事提起诉讼的，或者依据公司法第一百五十一条第三款规定对他人提起诉讼的，应当列公司为原告，依法由董事长或者执行董事代表公司进行诉讼。

第二十四条 符合公司法第一百五十一条第一款规定条件的股东，依据公司法第一百五十一条第二款、第三款规定，直接对董事、监事、高级管理人员或者他人提起诉讼的，应当列公司为第三人参加诉讼。

一审法庭辩论终结前，符合公司法第一百五十一条第一款规定条件的其他股东，以相同的诉讼请求申请参加诉讼的，应当列为共同原告。

第二十五条 股东依据公司法第一百五十一条第二款、第三款规定直接提起诉讼的案件，胜诉利益归属于公司。股东请求被告直接向其承担民事责任的，人民法院不予支持。

第二十六条 股东依据公司法第一百五十一条第二款、第三款规定直接提起诉讼的案件，其诉讼请求部分或者全部得到人民法院支持的，公司应当承担股东因参加诉讼支付的合理费用。

第二十七条 本规定自2017年9月1日起施行。

本规定施行后尚未终审的案件，适用本规定；本规定施行前已经终审的案件，或者适用审判监督程序再审的案件，不适用本规定。

《最高人民法院关于适用〈中华人民共和国公司法〉若干问题的规定（四）》新闻发布稿

各位记者：

大家上午好！

今天新闻发布会的主题是向大家通报《最高人民法院关于适用〈中华人民共和国公司法〉若干问题的规定（四）》有关情况。

为正确适用《中华人民共和国公司法》（以下简称公司法），审理好决议效力、股东知情权、利润分配权、优先购买权和股东代表诉讼等纠纷案件，2016 年 12 月 5 日最高人民法院审判委员会第 1702 次会议讨论原则通过了《最高人民法院关于适用〈中华人民共和国公司法〉若干问题的规定（四）》（以下简称《解释》），并将于 2017 年 9 月 1 日起施行。下面，我对《解释》的制定背景、经过以及主要内容作简要介绍和说明。

一、《解释》的制定背景和经过

（一）关于制定背景

第一，制定《解释》是贯彻党中央系列部署，健全公司治理、加强股东权利保护的迫切需要。党的十八大以来，习近平总书记多次强调要加强投资者权益保护。党中央就加强投资者保护、提高公司治理水平作出了一系列重要部署。《中共中央关于全面深化改革若干重大问题的决定》强调，要健全协调运转、有效制衡的公司法人治理结构。《中共中央、国务院关于完善产权保护制度依法保护产权的意见》明确要求，将股权与物权、债权、无形财产权并列保护，并强调了同股同权、同股同利等基本原则。在中国特色社会主义市场经济法律体系中，公司法是最重要的市场主体法律制度，是股东行使股东权利、参与公司治理的基本法律依据。制定《解释》，就是要贯彻党中央的一系列重要部署，提高人民法院准确适用公司法的水平，为规范公司治理、加强股权保护提供有力司法保障。

第二，制定《解释》是依法保障供给侧结构性改革的迫切需要。公司作为最主要的市场主体，无疑是改善市场供给的主力军。因此，规范公司治理结构、加强股东权利保护，促进公司稳定经营和发展壮大，对深入推进供给侧结构性改革具有基础性作用。制定《解释》，就是要加强股东权利的司法救济，依法保护投资者的积极性，就是要妥善处理股东之间、股东与公司之间等利益冲突，尽可能避免公司僵局，为实现公司治理法治化，促进公司持续稳定经营提供司法保障。

第三，制定《解释》是营造良好营商环境的迫切需要。在今年召开的中央财经领导小组第十六次会议上，习近平总书记强调："要改善投资和市场环境、加快对外开放步伐，降低市场运营成本，营造稳定公平透明、可预期的营商环境，加快建设开放型经济新体制，推动我国经济持续稳定健康发展。"公司法律制度是否完善对营商环境影响十分重大，不仅影响着国内投资者的积极性，也影响着国际投资者对投资地的选择，影响着国际资本的流动。因此，长期以来，公司法成为很多国家和地区创造制度优势、广泛吸纳投资的重要依托，世界范围内的公司法律制度竞争一直存在，而且仍将持续，成为公司法生机勃勃的强大动力。《解释》发布施行后，将对提高我国公司法律制度的国际竞争力、改善投资环境起到重要作用。

第四，制定《解释》是统一适用公司法，妥善处理公司治理和股东权利纠纷的迫切需要。近年来，随着公司数量的快速增长，这两类纠纷案件逐年上升，在公司纠纷案件中占比高达60%多。一些大型公司的决议效力纠纷，甚至成为舆论焦点和热点，引发社会各界对公司法相关规定的广泛关注，被舆论称之为中国公司治理的标志性事件。与此同时，公司法适用中遇到的新情况、新问题增多；一些法律适用问题争议较大，裁判观点不一致的情况时有发生；因缺乏明确规定，一些股东权利被损害后，得不到有效的司法救济。地方各级法院和社会各界纷纷要求尽快制定相关司法解释。统一法律适用是宪法赋予最高人民法院的神圣职责，我们必须迎难而上，抓紧制定实施《解释》，解决一批各级人民法院在审理公司纠纷案件、适用公司法过程中经常遇到的疑难复杂问题。

（二）关于制定经过

对公司法的司法解释工作是一项系统工程。当代公司法通常包括三个方面的制度：投融资及其退出的法律制度、公司治理的法律制度和公司并购重组的法律制度。最高人民法院关于公司法解释工作的安排和布局基本遵循了这一体系。2005 年，我国公司法修订并重新颁布后，最高人民法院随即出台《公司法司法解释（一）》，主要解决了新旧法衔接适用的问题。2008 年和 2011 年，最高人民法院分别出台了《公司法司法解释（二）》和《公司法司法解释（三）》，主要解决了股东出资纠纷和公司解散清算纠纷案件审理中的法律适用问题，均属于投融资及其退出的法律制度范畴。随后，以股东权利保护和公司治理为主题，我院着手起草《解释》稿，至今已历时 5 年多。在此过程中，我们深入地方各级法院调查研究，多次举办法学专家论证会，分别举办仲裁员和律师、上市公司、民营企业等专题座谈会，先后两次向全国人大法工委和国务院法制办等中央有关部委以及地方各级法院征求意见，两次向全社会公开征求意见。我们收集了数百条各方面的宝贵意见，充分发扬了司法民主，凝聚了社会各界的共识和智慧。2017 年 3 月 15 日《中华人民共和国民法总则》（以下简称民法总则）正式颁布后，我们历时近十个月，反复论证，对我院审判委员会原则通过的《解释》进行了认真梳理和校核，以确保与新法规定保持一致。

二、《解释》的主要内容

《解释》包括 27 条规定，涉及决议效力、股东知情权、利润分配权、优先购买权和股东代表诉讼等五个方面纠纷案件审理中的法律适用问题。

（一）完善决议效力瑕疵诉讼制度

召开股东会或者股东大会、董事会会议，就公司经营事项作出决议，是公司治理的主要方式。因此，关于决议效力的争议也是公司治理纠纷的主要类型。《解释》主要从以下三个方面，完善了决议效力瑕疵诉讼的法律适用规则。一是确定了决议不成立之诉。对决议效力瑕疵的分类，各国立法例大致存在“二分法”与“三分法”的分野，前者包括决议无效和决议可撤销两种决议效力瑕疵，后者则在此基础上还规定了决议不成立或者决议不存在。我国公司法第二十二条规定了确认决议无效和撤销决议之诉，均系针对已经成立的决议，未涵盖决议不成立的情形。我们认为，从体系解释出发，不成立的决议当然不具有法律约束力，应是公司法的默示性规定。因此，《解释》第五条规定了决议不成立之诉，与决议无效之诉和撤销决议之诉一起，共同构成了“三分法”的格局。有观点认为，召开会议并作出决议，是公司意志的形成过程，而非公司的意思表示，因此不属于民事法律行为，不存在是否成立的问题。我们认为，民法总则明确将包括公司在内的法人的决议行为，规定在民事法律行为制度中，对此《解释》应当严格贯彻。二是明确了决议效力案件的原告范围。为维护公司稳定经营和交易安全，在诉的利益原则的基础上，各国公司法对决议效力确认之诉的原告范围多有限制。我国公司法第二十二条亦就此作了适当限制。但由于该规定较为原则，司法实践中对其具体含义存在一定争议。《解释》严格贯彻公司法第二十二条的立法宗旨，在第一条规定确认决议无效或者不成立之诉的原告，包括股东、董事、监事等；在第二条规定，决议撤销之诉的原告应当在起诉时具有股东资格。三是明确了确认决议无效或者撤销决议的法律效力。关于公司内部规定或者决议的外部效力问题，民法总则通过第六十一条、第八十五条等规定予以了明确，基本确立了内外有别、保护善意相对人合法利益的原则。据此，《解释》第六条明确规定，股东会或者股东大会、董事会决议被人民法院判决确认无效或者撤销的，公司依据该决议与善意相对人形成的民事法律关系不受影响。

（二）依法强化对股东法定知情权的保护

公司法第三十三条、第九十七条赋予了股东查阅、复制公司章程、决议等文件材料的权利。该权利是公司法赋予股东的固有权，属于法定知情权，是股东权利中的基础性权利，依法应当严格保护。《解释》针对适用该两条规定中遇到的争议较多的问题，作出了如下规定。一是结合诉的利益原则，通过第七条明确了股东就公司法第三十三条、第九十七条规定享有的诉权，并规定了有限责任公司原股东享有的有限诉权。二是结合司法实践经验，对股东查阅公司会计账簿可能有的不正当目的作了列举，明确划定了公司拒绝权的行使边界。三是明确规定公司不得以公司章程、股东间协议等方式，实质性剥夺股东的法定知情权。公司以此为由拒绝股东行使法定知情权的，人民法院不予支持。四是为保障股东知情权的行使，对股东聘请中介机构执业人员辅助查阅作出了规定。五是就股东可以请求未依法履行职责的公司董事、高级管理人员赔偿损失做了规定，以防止从根本上损害股东知情权。

（三）积极探索完善对股东利润分配权的司法救济

利润分配权，是指股东有权按照出资或股份比例请求分配公司利润的权利。是否分配和如何分配公司利润，原则上属于商业判断和公司自治的范畴，人民法院一般不应介入。因此，《解释》第十四条、第十五条明确规定，股东请求公司分配利润的，应当提交载明具体分配方案的股东会或者股东大会决议；未提交的，人民法院原则上应当不予支持。但近年来，公司大股东违反同股同权原则和股东权利不得滥用原则，排挤、压榨小股东，导致公司不分配利润，损害小股东利润分配权的现象时有发生，严重破坏了公司自治。比如，公司不分配利润，但董事、高级管理人员领取过高薪酬，或者由控股股东操纵公司购买与经营无关的财物或者服务，用于其自身使用或者消费，或者隐瞒或者转移利润，等等。为此，《解释》第十五条但书规定，公司股东滥用权利，导致公司不分配利润给其他股东造成损失的，司法可以适当干预，以实现对公司自治失灵的矫正。

（四）规范股东优先购买权的行使和损害救济

有限责任公司具有较强的人合性，股东之间基于相互信任而共同投资。为此，公司法规定，股东向公司股东以外的人转让股权时，其他股东享有在同等条件下优先购买转让股权的权利。这是股东维护其人合性利益的主要法律依据。但关于股东优先购买权的行使通知、行使方式、行使期限、损害救济等，公司法没有具体规定。为此，《解释》一是细化了行使股东优先购买权的程序规则。比如规定转让股东应当以书面或者其他能够确认收悉的合理方式，将转让股权的同等条件通知其他股东；股东优先购买权的行使期限，应当按照章程规定期限、转让股东通知期限和30日最低期限的先后顺序确定；判断“同等条件”应当考虑的主要因素，包括转让股权的数量、价格、支付方式及期限，等等。二是明确了股东优先购买权的行使边界和损害救济制度。股东优先购买权制度的立法宗旨，在于维护公司股东的人合性利益，而非保障其他股东取得转让股权。据此，《解释》第二十条规定，有限责任公司的转让股东在其他股东主张优先购买后又不同意转让的，对其他股东优先购买的主张，人民法院不予支持，亦即其他股东不具有强制缔约的权利。同时，为了防止转让股东恶意利用该规则，损害股东优先购买权，《解释》第二十一条明确规定，转让股东未就股权转让事项征求其他股东意见，或者以欺诈、恶意串通等手段，损害其他股东优先购买权的，其他股东有权要求以实际转让的同等条件优先购买该股权。但为了维护交易秩序和公司稳定经营，《解释》对股东优先购买权被侵害后，股东行使相关权利的期限做了适当限制。三是解决了关于损害股东优先购买权的股权转让合同效力的实践争议。我们认为，对此类合同的效力，公司法并无特别规定，不应仅仅因为损害股东优先购买权认定合同无效、撤销合同，而应当严格依照合同法规定进行认定。正是基于此类合同原则上有效，因此人民法院支持其他股东行使优先购买权的，股东以外的受让人可以请求转让股东依法承担相应合同责任。

（五）完善股东代表诉讼机制

一是明确公司法第一百五十一条涉及两类不同诉讼。司法实践中，对公司法第一百五十一条第一款规定的诉讼类型，以及公司的诉讼地位存在不同认识。我们认为，公司董事会或者执行董事、监事会或者监事系公司机关，其履行法定职责代表公司提起的诉讼，应当是公司直接诉讼，应列公司为原告。《解释》第二十三条对此予以了明确。二是完善了股东代表诉讼机制。公司法第一百五十一条第二款、第三款规定了股东代表诉讼，但对于股东代表诉讼中的当事人地位、胜诉利益的归属、诉讼费用的负担等问题，没有规定具体的操作规则。《解释》第二十四、第二十五、第二十六条分别就这三个方面的问题作出了规定。

各位记者朋友，在当前的经济形势下，《解释》的公布实施，对于维护股东权利，协调股东与公司的关系，推动公司法人治理机制的进一步完善，营造良好的营商环境，响应“大众创业、万众创新”号召有着积极意义。在今后的工作中，我们还将深入调查研究，及时发现和解决审判实际中存在的各种问题，为司法审判更好地服务于党和国家的工作大局而努力奋斗。

谢谢大家！

来源：最高人民法院网站

[部门规章、部门规章性文件与解读]

国家工商总局

关于做好“多证合一”改革工作的指导意见

2017 年 8 月 29 日　　工商企注字〔2017〕153 号

全国各级工商和市场监管部门认真贯彻党中央、国务院决策部署，全面落实《国务院办公厅关于加快推进“多证合一”改革的指导意见》（国办发〔2017〕41 号，下称《意见》）要求，通过“减证”推动“简政”，“多证合一”改革顺利推进并取得了明显的成效。与此同时，各地在推进过程中也出现了证照整合标准不统一、盲目追求证照整合数量、部门信息共享不顺畅，营业执照互通互认有障碍等问题。为严格落实改革要求、加快推进“多证合一”改革，现就做好企业（包括个体工商户、农民专业合作社，下同）“多证合一”改革各项工作提出以下指导意见。

一、把握“多证合一”改革内涵，进一步明确证照整合范围

在“多证合一”改革试点过程中，部分地方出现了将行政许可事项、法律法规已明确取消的证照事项也纳入改革范围的现象。对此，各地要认真学习、深刻领会《意见》精神，确保改革准确落地。

（一）在整合范围上，要严格遵循《意见》要求，只整合信息采集、记载公示、管理备查类的一般经营项目涉企证照事项，以及企业登记信息能够满足

政府部门管理需要的涉企证照事项，对于关系国家安全、经济安全和公民生命财产安全的行政许可类事项不予整合，确保改革依法合规、于法有据。对于相关涉企证照与营业执照由同一部门发放的，对证照事项要加大管理力度。

（二）在工作推进上，各地要坚持省级统筹，做到统一标准、统一事项、统一部署、统一实施，确保“全省一盘棋”，各地、市的改革要在省级统一规划的范畴下部署开展。

（三）在证照管理上，要坚持部门联动、协调配合，关于“多证合一”改革后的企业变更及注销问题，各地企业登记部门要主动加强与相关部门的沟通协调，因地制宜，理顺关系，避免企业为办理变更、注销等业务奔波往返。

二、处理好“多证合一”改革与“并联审批”“证照联办”关系，用“减证”促“简政”

有些地方在推进“多证合一”改革过程中，仍然发放被整合证照；有的混淆了“并联审批”“证照联办”同“多证合一”区别。各地在下一阶段的改革工作中要处理好“并联审批”“证照联办”和“多证合一”改革的关系。

（一）“并联审批”“证照联办”是经过实践检验、行之有效的行政审批模式，有助于节约行政成本、提高行政效率、实现资源共享。各地在扎实推进“多证合一”改革的同时，要从实际出发，以企业、群众利益为根本出发点和落脚点，结合“并联审批”“证照联办”等多种形式，为企业、群众办事提供更加便利化的方式和条件。

（二）各地要在前期改革的基础上，继续全面实行“一套材料、一表登记、一窗受理”的工作模式。对于属于“多证合一”改革范畴的，由工商部门核发加载统一社会信用代码的营业执照，“多证合一”整合的证照事项企业不再另行办理。对于采取“并联审批”“证照联办”审批方式、一窗受理申请材料、各部门后台联合审批的各类涉企证照，工商部门要明确告知申请人和企业相关证照办理、审批和领取的流程及步骤。做到既方便企业办事，又不给企业造成困扰，使企业真正享受到改革红利。

三、推进部门间信息共享，实现“数据多跑路、群众少跑腿”

各地在推进“多证合一”改革过程中，普遍反映遇到了信息化系统对接难、信息共享不畅等问题。部门间信息共享是“多证合一”改革的关键环节，也是实现“多证合一”改革目标的重要保证。各级工商和市场监管部门要按照地方政府的统一部署，最大限度打通部门间“信息孤岛”，真正做到“让数据网上行、部门协同办、企业不跑腿”。

（一）对于国家部委统一开发的信息化系统，工商总局将与相关部委加强沟通协调，通过签订备忘录等形式，明确信息共享方式，建立信息共享渠道。

（二）对于各省及省以下部门自建的信息化系统，各级工商和市场监管部门要积极协调，充分依托国家企业信用信息公示系统，利用省级信用信息共享交换平台、政务信息平台、部门间的数据接口等实现信息共享。

（三）对于尚不具备共享条件的部门，各级工商和市场监管部门要积极通过线下光盘、硬盘等介质交换的方式推进数据共享。

四、推进“多证合一”营业执照跨区域互认，实现“一照一码走天下”

由于各地整合证照事项和数量不尽相同，部分地方出现企业持“多证合一”营业执照到外地办事受阻现象，影响了改革效果。各地要通过加强沟通协调和加大信息公示力度的方式，推进营业执照的互通互认。

（一）各地要继续加强国家企业信用信息公示系统的建设和应用，探索通过利用电子营业执照、利用纸质营业执照二维码等方式，并通过国家企业信用信息公示系统公示，让社会公众和政府管理部门知晓“多证合一”改革整合的涉企证照事项信息，为社会公众和政府管理部门提供权威、规范、便捷的信息查询渠道。

（二）要加强同各整合证照部门沟通、协调，推动各部门明确已领取“多证合一”营业执照的企业在办理相关事务时，凡是通过国家企业信用信息公示系统能够查询到的信息，不再要求企业提供相关许可证件和证明，逐步推进“多证合一”营业执照的跨区域互认和广泛应用，使“一照一码”营业执照成为企业唯一“身份证”。

（三）要大力推广统一社会信用代码，推动部门使用统一社会信用代码作为企业在其部门管理系统中的身份标识码，推广统一社会信用代码成为各部门间信息共享的唯一交换标识码。

五、正确理解“多证合一”改革与“证照分离”改革关系，确保统筹协同推进

各地在工作中，也反映对于“多证合一”改革和“证照分离”改革内涵界定不清的问题。各地要准确理解“多证合一”改革与“证照分离”改革关系，注重推动“多证合一”改革和“证照分离”改革相互促进、良性互动，在政策取向上相互配合、在实施过程中相互促进、在改革成效上相得益彰，产生协调共振，形成改革合力。

（一）“多证合一”和“证照分离”改革都是简政放权、放管结合、优化服务改革的重点任务，是商事制度改革的重要组成部分，其目的都是为了让市场在资源配置中发挥决定性作用，为了降低企业成立制度性成本、营造有利于大众创业、万众创新的社会营商环境。

（二）“多证合一”以减少、整合非许可类的涉企登记、备案事项为主要方式，以信息共享为主要手段实现简化手续、提高效率。“证照分离”针对行政许可事项，通过清理取消一批、改为备案一批、实行告知承诺一批以及提高透明度和可预期性等措施，最大限度破解“办照容易办证难”和“准入不准营”问题。

（三）“证照分离”改革和“多证合一”改革要统筹规划、协同推进。要在“多证合一”改革的基础上，在涉企备案、登记类证照事项充分整合、取消的基础上，推进涉企行政许可事项的“证照分离”改革。同时，对通过“证照分离”改革后许可改为备案的，只要符合“多证合一”整合原则，还可继续按照“多证合一”标准和要求整合到营业执照上，做到“成熟一批、整合一批”，持续推进“多证合一”不断深化。

六、加强窗口建设，做好宣传解读，营造良好改革氛围

各级工商和市场监管部门要以“多证合一”改革为契机，全面强化企业登记窗口建设，提升企业登记窗口服务水平，做好宣传和引导工作，确保改革取得实效。

一是要继续加强窗口建设。要强化窗口人员业务培训，熟练掌握“多证合一”改革后的工作流程和要求，要制定完善细致的“多证合一”改革指南，对“多证合一”改革后社会普遍关切的问题及时回应、答疑解惑，让群众少跑腿，引导群众办成事。要切实加强窗口保障，通过内部调配、政府购买服务等方式，加强各级企业登记窗口的人员力量配置和软硬件设施配备，缓解窗口工作压力，确保“多证合一”改革后企业排队等候时间不延长、工商登记效率不降低。

二是要做好宣传解读工作。要注意对“多证合一”表述和宣传口径进行规范，不突出宣传整合证照的数量，而是使用“多证合一”统一表述，要明确“多证合一”改革是在办事流程上做减法，减少企业进入市场的环节和时间，而不是追求合并证照数量的简单叠加，重点宣传推动部门信息共享、加强业务协同等成果及效应。要主动回应社会各界关切问题，让企业和群众充分知晓改革后的办事流程、提交材料和注意事项，避免企业因为证照取消、不知道如何办理导致增加办事成本现象的发生。

在“多证合一”改革过程中遇到的新情况、新问题，各地要及时报告总局企业注册局。

国家工商总局企业注册局有关负责人就“多证合一”改革中的有关问题回答记者提问

1. 国务院部署“多证合一”改革后，地方纷纷出台“多证合一”方案，但各地所整合的证照数量和事项都不尽相同，还有一些地方把行政许可类证照也纳入“多证合一”改革范围，10 月 1 日以后是否会在国家层面进行统一规

范和明确?

答:“多证合一”改革是通过在更深层次、更广领域实现部门协同和信息共享，将有关涉企证照事项进一步整合到营业执照上，减少企业在进入市场前后办理的证照数量，使得企业在办理营业执照后即能达到预定可生产经营状态，缩短企业从设立开办到进入市场的时间。我们明确要求各地在整合范围上，要严格遵循《意见》要求，只整合信息采集、记载公示、管理备查类的一般经营项目涉企证照事项，以及企业登记信息能够满足政府部门管理需要的涉企证照事项，对于关系国家安全、经济安全和公民生命财产安全的行政许可类事项不予整合，确保改革依法合规、于法有据。对于相关涉企证照与营业执照由同一部门发放的，对证照事项要加强管理力度。同时，在工作推进上，要求各地坚持省级统筹，做到统一标准、统一事项、统一部署、统一实施，确保“全省一盘棋”，各地、市的改革要在省级统一规划的范畴下部署开展。

2. 改革后，有些地方还在发放备案证书或备案回执，这是否符合“多证合一”改革要求?另外，工商总局如何看待部分地方推行的“并联审批”和“证照联办”，它们与“多证合一”改革有哪些区别和联系?

答:有些地方在推进“多证合一”改革过程中，仍然发放被整合证照;有的混淆了“并联审批”“证照联办”同“多证合一”区别。“并联审批”和“证照联办”是经过实践检验、行之有效的节约行政成本、提高行政效率、实现资源共享的行政审批模式。对此，我们要求各地在扎实推进“多证合一”改革的同时，可以从实际出发，以企业、群众利益为根本出发点和落脚点，结合“并联审批”、“证照联办”等多种形式，为企业、群众办事提供更加便利化的方式和条件。各地区要在前期改革的基础上，继续全面实行“一套材料、一表登记、一窗受理”的工作模式。对于属于“多证合一”改革范畴的，由工商部门核发加载统一社会信用代码的营业执照，“多证合一”整合的证照事项企业不再另行办理。对于采取“并联审批”、“证照联办”审批方式、由工商部门一窗受理申请材料、各部门后台联合审批的各类涉企证照，要明确告知申请人和企业相关证照办理、审批和领取的流程及步骤。做到既方便企业办事，又不给企业造成困扰，使企业真正享受到改革红利。

3. “多证合一”改革的关键是实现部门间信息共享，目前各地在推进改

革过程中是如何通过部门间信息共享实现数据多跑腿，群众少跑腿的？

答：部门间信息共享是“多证合一”改革的关键环节，是实现“多证合一”改革目标的重要保证。各级工商和市场监管部门在改革过程中，按照地方政府的统一部署，充分依托省级信用信息共享交换平台、政务信息平台、部门间的数据接口等实现信息共享，最大限度打通部门间“信息孤岛”和“数据烟囱”，使“多证合一”改革真正产生化学反应。对于尚不具备共享条件的部门，各地工商部门通过线下数据交换的方式推进共享。对于国家部委统一开发的信息化系统，工商总局也在与相关部委通过签署备忘录等方式加强沟通协调，建立信息共享渠道。真正做到“让数据网上行、部门协同办、企业不跑腿”，切实解决企业材料重复交、部门多次跑的问题，真正实现市场准入程序更简、服务更优。

4. 改革后，大家普遍关心持“多证合一”营业执照到外省或外地办事是否会受阻？目前各省整合的证照数量和事项各不相同，如何确保“多证合一”营业执照在全国实现跨区域通用和互认？

答：在前期试点过程中，我们也发现“多证合一”营业执照跨区域通用和互认确实存在一些问题。为解决这些问题，我们将着力做好以下三方面工作。第一，加强国家企业信用信息公示系统的建设和应用，探索通过利用现有营业执照上的二维码等方式，加载“多证合一”改革整合的涉企证照事项信息，并通过国家企业信用信息公示系统公示，为社会公众和政府管理部门提供权威、规范、便捷的信息查询渠道。第二，加强同各整合证照部门沟通、协调，明确已领取“多证合一”营业执照的企业在办理相关事务时，凡是通过国家企业信用信息公示系统能够查询到的信息，不再要求企业提供相关许可证件和证明，推进“多证合一”营业执照的跨区域互认和广泛应用。第三，大力推广统一社会信用代码，使其成为各部门内部办事和部门间信息共享的唯一标识码，使“一照一码”营业执照成为企业唯一“身份证”，实现“一照一码”走天下。

5. “多证合一”和“证照分离”是国务院力推的两项重点改革，对于深化简政放权、放管结合、优化服务改革具有重要意义，如何准确理解“分”与“合”的关系，确保这两项改革统筹协同推进？

答：“多证合一”改革和“证照分离”改革都是简政放权、放管结合、优化服务改革的重点任务，是商事制度改革的重要组成部分，其目的都是为了让市场在资源配置中发挥决定性作用，为了营造有利于大众创业、万众创新的社会营商环境。“多证合一”以减少非许可类的涉企登记、备案事项为主要方式，以信息共享为主要手段实现简化手续、提高效率。“证照分离”针对行政许可事项，通过清理取消一批、改为备案一批、实行告知承诺一批以及提高透明度和可预期性等措施，最大限度破解“办照容易办证难”和“准入不准营”问题。对于“证照分离”改革后属于信息采集、记载公示和管理备查类的各种证照，只要符合“多证合一”整合原则，还可继续按照“多证合一”标准和要求整合到营业执照上，做到“成熟一批、整合一批”，持续推进“多证合一”不断深化。各级工商和市场监管部门要统筹谋划，注重推动“多证合一”改革和“证照分离”改革相互促进、良性互动，在政策取向上相互配合、在实施过程中相互促进、在改革成效上相得益彰，产生协调共振，形成改革合力。

6. 企业和群众对“多证合一”改革十分关注，反响也很好，但也有企业反映证照整合数量增加后，对于改革涉及证照的办事流程、提交材料和注意事项不是非常了解，工商部门将采取哪些措施帮助企业真正享受到“多证合一”改革红利？

答：一是加大舆论宣传力度，各级工商和市场监管部门要充分利用各种新闻媒介，多形式、多渠道、多角度地宣传“多证合一”改革的重大意义，加大对改革内容的宣传解读，让企业和群众充分知晓改革后的办事流程、提交材料和注意事项，避免企业因为证照取消、不知道如何办理导致增加办事成本现象的发生。二是提升窗口服务水平，以“多证合一”改革为契机，全面强化企业登记窗口建设。第一，大力强化窗口人员业务培训，使一线人员熟练掌握“多证合一”改革后的工作流程和要求，为企业提供优质高效的登记审批服务。第二，不断优化服务方式，制定完善细致的“多证合一”改革指南，探索“咨询帮办制”，鼓励在窗口设立专门咨询帮办岗位，对“多证合一”改革后社会普遍关切的问题及时回应、答疑解惑，让群众少跑腿，引导群众办成事。第三，切实加强窗口保障，通过内部调配、政府购买服务等方式，加强各级企业登记窗口的人员力量配置和软硬件设施配备，缓解窗口工作压力，确保“多证合一”改革后企业排队等候时间不延长、工商登记效率不降低。三是完善信息化系统建设，通过推行“无纸化”、“零见面”、“零收费”全程电子化登记模式，推进电子营业执照应用，加强信息公开，确保企业和群众易用好用。

来源：国家工商总局网站

中国银监会
关于印发信托登记管理办法的通知

2017年8月25日　　　　银监发〔2017〕47号

各银监局，中国信托登记有限责任公司：

现将信托登记管理办法印发给你们，请结合以下要求认真执行。

一、信托登记管理办法施行设立3个月过渡期，过渡期为2017年9月1日至11月30日。在过渡期内，各信托公司应当在按照信托登记管理办法规定进行信托登记的同时，按照《中国银监会办公厅关于信托公司风险监管的指导意见》（银监办发〔2014〕99号）等规定向银行业监督管理机构进行产品报告。过渡期结束后，前述产品报告按照信托登记管理办法执行。

二、对于信托登记管理办法施行前已成立或生效的存续信托产品，2018年6月30日（含）前到期的，可不补办信托登记；2018年6月30日后仍存续的，应当于2018年7月1日前按照信托登记管理办法补办信托登记。

信托登记管理办法

第一章 总 则

第一条 为规范信托登记活动，保护信托当事人的合法权益，促进信托业持续健康发展，根据《中华人民共和国信托法》《中华人民共和国银行业监督管理法》等法律法规，制定本办法。

第二条 本办法所称信托登记是指中国信托登记有限责任公司（简称信托登记公司）对信托机构的信托产品及其受益权信息、国务院银行业监督管理机构规定的其他信息及其变动情况予以记录的行为。

本办法所称信托机构，是指依法设立的信托公司和国务院银行业监督管理机构认可的其他机构。

第三条 信托机构开展信托业务，应当办理信托登记，但法律、行政法规或者国务院银行业监督管理机构另有规定的除外。

第四条 信托登记活动应当遵守法律、行政法规和国务院银行业监督管理机构的有关规定，遵循诚实信用原则，不得损害国家利益和社会公共利益。

第五条 信托登记公司以提供信托业基础服务为主要职能，应当坚持依法合规、稳健经营的原则，忠实履行信托登记和其他相关职能。

第六条 信托登记公司应当具有与信托登记活动及履行其他职能相适应的场所、设施和安全防范措施，建立独立、安全、高效的信托登记系统及相关配套系统，强化信息技术保障，切实保护信托当事人及其他相关方的合法权益。

第七条 国务院银行业监督管理机构依法对信托登记及相关活动实施监督管理。

第二章 信托登记申请

第八条 信托登记由信托机构提出申请，但法律、行政法规或者国务院银行业监督管理机构另有规定的除外。

第九条 信托登记信息包括信托产品名称、信托类别、信托目的、信托期限、信托当事人、信托财产、信托利益分配等信托产品及其受益权信息和变动情况。

第十条 信托机构应当在集合资金信托计划发行日五个工作日前或者在单一资金信托和财产权信托成立日两个工作日前申请办理信托产品预登记（简称信托预登记），并在信托登记公司取得唯一产品编码。

申请办理信托预登记的，应当提交下列文件：

（一）信托预登记申请书，包括信托产品名称、信托类别、拟发行或者成立时间、预计存续期限、拟发行或者成立信托规模、信托财产来源、信托财产管理或者运用方向和方式、交易对手、交易结构、风险提示、风控措施、清算方式、异地推介信息、关联交易信息、保管人信息等内容；

（二）法律、行政法规、国务院银行业监督管理机构要求的其他文件。

信托产品在信托预登记后六个月内未成立或者未生效的，或者信托机构未按照本办法办理信托初始登记的，信托机构已办理的信托预登记自动注销，无需办理终止登记。

信托机构办理信托预登记后，信托登记信息发生重大变动的，应当重新申请办理信托预登记。

第十一条 信托机构应当在信托成立或者生效后十个工作日内申请办理信托产品及其受益权初始登记（简称信托初始登记）。

申请办理信托初始登记时，应当提交下列文件：

（一）信托初始登记申请书；

（二）加盖公章的信托文件样本；

（三）法律、行政法规、国务院银行业监督管理机构要求的其他文件。

第十二条 信托存续期间，信托登记信息发生重大变动的，信托机构应当在相关事项发生变动之日起十个工作日内就变动事项申请办理信托产品及其受益权变更登记（简称信托变更登记）。

申请办理信托变更登记时，应当提交下列文件：

（一）信托变更登记申请书；

（二）证明发生变更事实的文件；

（三）法律、行政法规、国务院银行业监督管理机构要求的其他文件。

第十三条 信托终止后，信托机构应当在按照信托合同约定解除受托人责任后十个工作日内申请办理信托产品及其受益权终止登记（简称信托终止登记）。

申请办理信托终止登记的，应当提交下列文件：

（一）信托终止登记申请书；

（二）受托人出具的清算报告；

（三）法律、行政法规、国务院银行业监督管理机构要求的其他文件。

第十四条 信托机构发现信托登记信息错误需要更正的，应当在发现之日起十个工作日内申请办理信托产品及其受益权更正登记（简称信托更正登记）。

申请办理信托更正登记的，应当提交下列文件：

（一）信托更正登记申请书；

（二）证明发生需要更正事实的文件；

（三）法律、行政法规、国务院银行业监督管理机构要求的其他文件。

第十五条 信托机构应当对所提供的信托登记相关文件和信息的真实性、准确性、完整性和及时性负责。

第三章 信托登记办理

第十六条 信托登记公司接受信托机构提出的信托登记申请，依法办理信托登记业务。

第十七条 信托机构申请办理信托登记，应当根据本办法和信托登记公司的规定，通过信托登记公司的信托登记系统提交信托登记信息，并上传相关文件。

信托登记公司与信托机构应当建立专用网络，实现系统对接，确保信托登记信息和相关文件报送安全、高效。

第十八条 信托机构提交的登记申请文件齐全且符合规定的形式要求的，信托登记公司在收到登记申请文件时应当出具受理凭证，该受理凭证的出具日为受理日。

信托机构提交的登记申请文件不齐全或者不符合规定的形式要求的，信托登记公司应当书面告知补正要求，并在收到完整的登记申请文件时出具受理凭证，该受理凭证的出具日为受理日。

第十九条 信托登记公司对信托机构提供的信托登记信息及相关文件进行形式审查。

信托登记和本办法第三十八条规定的信息公示不构成对信托产品持续合规情况、投资价值及投资风险的判断或者保证。

第二十条 对于符合登记条件的，信托登记公司应当自受理之日起两个工作日内完成审查，并准予办理信托登记。对于不符合登记条件的，信托登记公司应当自收到登记申请文件之日起两个工作日内一次性告知信托机构需要补正的全部内容，并自收到完整补正材料之日起两个工作日内完成审查。

第二十一条 信托登记公司应当在完成信托登记当日向信托机构出具统一格式的信托登记证明文书。

第四章 信托受益权账户管理

第二十二条 信托受益权账户是信托登记公司为受益人开立的记载其信托受益权及其变动情况的簿记账户。

委托人或者受益人根据自愿原则申请开立信托受益权账户。

第二十三条 任一民事主体仅可以开立一个信托受益权账户，国务院银行业监督管理机构另有规定的除外。

任一信托产品或者其他承担特定目的载体功能的金融产品仅可以开立一个信托受益权账户，户名应当采用作为管理人的金融机构全称加金融产品全称的模式。

第二十四条 信托受益权账户由信托登记公司集中管理。

第二十五条 委托人或者受益人可以委托信托公司等金融机构代办信托受益权账户开立业务。信托公司可以代办信托受益权账户开立业务；其他金融机构代办信托受益权账户开立业务的，由信托登记公司依申请评估确定。

委托人或者受益人应当向信托登记公司或者代理开户机构提交开户信息，

且保证所提交的信息真实、准确、完整。代理开户机构应当核实并向信托登记公司提交委托人或者受益人的开户信息。

第二十六条 信托登记公司为符合条件的受益人开立信托受益权账户，配发唯一账户编码，并出具开户通知书。

信托登记公司和信托受益权账户代理开户机构应当对所知悉的委托人或者受益人开户信息以及信托受益权账户信息依法保密。

第二十七条 信托受益权账户采用实名制，不得出租、出借或者转让。

第二十八条 受益人可以依法查询其信托受益权账户中记载的信托受益权信息。

第二十九条 受益人可以申请注销或者委托代理开户机构代为申请注销其信托受益权账户。当受益人出现民事行为能力丧失等情形时，信托财产法定继承人或者承继人等利害关系人，可以凭具有法律效力的证明文件，申请注销或者委托代理开户机构代为申请注销其信托受益权账户。

无信托受益权份额的信托受益权账户方可办理注销。

第五章 信托登记信息管理和使用

第三十条 信托登记公司负责管理和维护信托登记信息，确保有关信息的安全、完整和数据的依法、合规使用。

第三十一条 信托登记信息受法律保护，信托登记公司应当对信托登记信息及相关文件依法保密。

除法律、行政法规或者国务院银行业监督管理机构规定可以公开的情形外，任何单位或者个人不得查询或者获取信托登记信息。

第三十二条 除法律、行政法规规定或者国务院银行业监督管理机构同意的情形外，信托登记公司不得将由信托登记信息统计、分析形成的有关信息进行披露或者对外提供。

第三十三条 信托登记公司应当依据有关法律法规，建立保密制度，加强保密教育，采取相应的保密措施。

第三十四条 信托登记公司应当根据法律、行政法规、国务院银行业监督管理机构的规定以及信托文件约定的信托登记信息保密要求，设置不同级别的查询权限：

（一）委托人、受益人仅可以查询与其权利、义务直接相关且不违背信托文件约定的信托登记信息。当委托人、受益人出现民事行为能力丧失等情形时，信托财产法定继承人或者承继人等利害关系人，仅可以凭具有法律效力的证明文件申请查询与其权利、义务直接相关的信托登记信息；

（二）信托机构仅可以查询与其自身业务直接相关的信托登记信息；

（三）银行业监督管理机构和其他有权机关仅可以在法定职责范围内，依法查询相关信托登记信息。

向信托登记公司申请信托登记信息查询的，应当提交有效身份证明文件、授权文件和相关证明材料，并书面说明查询目的。

除法律明确规定或者授权外，任何单位或者个人不得查询受益人的个人基本信息。

第三十五条 信托登记公司应当妥善保存信托登记信息及相关文件，自信托终止之日起至少保存十五年。

第三十六条 信托登记公司应当按月向国务院银行业监督管理机构报告信托登记总体情况、信托业运行情况等信息，并按照国务院银行业监督管理机构的要求定期或者不定期报告其他有关信息。

第三十七条 对信托机构未按规定办理信托登记或者在信托登记中存在信息严重错报、漏报的行为，信托登记公司应当及时将有关情况报告银行业监督管理机构。

第六章　监督管理

第三十八条 集合资金信托计划的信托登记基本信息应当在信托初始登记后五个工作日内在信托登记公司官方网站公示。

前款所称信托登记基本信息包括集合资金信托计划名称、登记时间、产品编码、信托类别、受托人名称、预计存续期限、信托财产主要运用领域等内容，国务院银行业监督管理机构另有规定的除外。

财产权信托进行受益权拆分转让或者对外发行受益权的，参照集合资金信托计划进行公示。

第三十九条 银行业监督管理机构对信托产品的发行、公示和管理履行日常监管职责，可以根据信托公司监管评级、净资本状况、风险及合规情况等采取必要的监管措施。

履行法人监管职责的银行业监督管理机构发现信托产品存在违法违规情形的，应当立即依法进行处理。

第四十条 信托公司应当按照监管要求，定期更新并向信托登记公司报送有关的信托业务信息，以满足信息披露和持续监管的需要。

第四十一条 信托登记公司、信托机构违反本办法有关规定的，银行业监督管理机构应当责令限期改正；逾期未改正的，或者其行为严重危及信托机构的稳健运行、损害受益人合法权益的，银行业监督管理机构可以依据《中华人民共和国银行业监督管理法》等法律法规，采取相应的监管措施。

第四十二条 信托机构或者其工作人员伪造、变造登记申请文件，或者提交的登记申请文件存在重大错误给当事人或者利害关系人造成损失的，应当依法承担相应法律责任。

第四十三条 信托机构或者其工作人员伪造、变造信托登记证明文件的，应当依法承担相应法律责任。

第四十四条 信托登记公司或者其工作人员违反本办法规定，导致信托登记错误或者泄露保密信息的，信托登记公司应当采取内部问责措施，信托登记公司或者有关责任人员应当依法承担相应法律责任。

第七章 附 则

第四十五条 信托登记公司应当根据相关法律法规以及本办法制定信托登记业务细则，报国务院银行业监督管理机构批准后实施。

第四十六条 本办法由国务院银行业监督管理机构负责解释。

第四十七条 本办法自2017年9月1日起施行。

银监会有关部门负责人就《信托登记管理办法》答记者问

一、《办法》制定的背景和意义是什么？

答：随着我国经济持续快速发展和人民收入水平稳步提高，社会对信托公司资产管理和财富管理的需求不断上升。截至 2017 年 6 月底，全国 68 家信托公司受托管理信托资产规模已突破 23 万亿元。为构建全国统一的信托登记制度，促进信托业持续健康发展，保护信托当事人合法权益，银监会发布了《信托登记管理办法》（简称《办法》）。《办法》对信托业发展和监管具有积极意义，能够促进信托业务更加规范开展，完善行业信息披露，提升监管力度。《办法》发布能降低信托产品被“冒用”等风险，有助于减少金融乱象，规范金融秩序。此外，《办法》有助于提高信托业公信力，保护信托当事人的合法权益，推动信托市场深化发展。

二、《办法》遵循哪些主要原则？

答：《办法》遵循“集中登记、依法操作、规范管理、有效监督”的原则。一是集中登记原则。信托机构的信托产品及其受益权信息登记、信托受益权账户的设立和管理等由中国信托登记有限责任公司（以下简称信托登记公司）集中办理。二是依法操作原则。信托登记活动遵循国家相关法律、法规以及监管部门的规定，遵循诚实信用原则，不得损害国家利益和社会公共利益。三是规范管理原则。信托登记活动应当依据规范的流程、时限等要求进行，提高信托登记工作效率。建立信托登记信息安全和保密制度，严格规范信托登记信息的查询主体和查询范围。四是有效监管原则。信托登记公司应当确保信托登记基础建设规范、有效运转，信托登记公司、信托机构在信托登记活动中接受银行业监督管理机构的监管。

三、《办法》为何规定集合产品信息公示？

答：对集合资金信托计划的基本信息进行公示，主要目的是主动接受社会监督，提高信托业务的透明度和规范性，提升信托业的社会认知度。这与资产管理市场上的私募基金、银行理财等理念一致。同时，考虑到集合资金信托计划定位于服务合格投资者，以及竞争环境下保护商业秘密的需要，《办法》对公示信息规定了必要的内容。

四、《办法》对信托登记初期阶段有何安排？

答：为确保信托登记工作稳妥起步，特设3个月过渡期，过渡期内新发信托产品按新、老规则同时执行。过渡期结束后，《中国银监会办公厅关于信托公司风险监管的指导意见》（银监办发〔2014〕99号）中关于产品报告的有关要求按《办法》执行。同时，对于存续信托产品，考虑到录入信息的工作量和时效性等因素，规定2018年6月30日（含）前到期的可不补办信托登记，2018年7月1日仍存续的需按《办法》要求补办信托登记。

五、《办法》对信托登记信息保护有何安排？

答：《办法》特别重视信托登记信息的保护，对信托登记信息的管理和使用特别是信托登记信息保密做出了严格规定，并明确了信托机构和信托登记公司及其工作人员出现违反《办法》规定情形时的法律责任，以加强约束，保护信托当事人的合法权益。信托登记信息受法律保护，除法律、行政法规或国务院银行业监督管理机构规定情形外，任何单位和个人不得查询或获取信托登记信息。有权查询的机关和个人应当根据法定授权和程序，分级查询有关信托登记信息。

来源：银监会网站

国家发展改革委

关于进一步加强垄断行业价格监管的意见

2017 年 8 月 23 日　　　　　　　　发改价格规〔2017〕1554 号

各省、自治区、直辖市发展改革委、物价局：

为贯彻落实中央财经领导小组会议精神，建立健全垄断行业科学定价方式，合理降低垄断行业价格，推进垄断行业降本增效，促进垄断行业可持续发展、消费者合理负担，提出以下意见。

一、重要意义

垄断行业是由一个或少数经营主体拥有市场支配地位的行业，主要指因存在资源稀缺性、规模经济效益而由一个或少数企业经营的网络型自然垄断环节和重要公用事业、公益性服务行业，主要包括输配电、天然气管道运输、铁路运输等基础性行业以及居民供水供气供热等公用事业。这些行业主要提供基础性、公益性产品和服务，与国计民生密切相关，对促进经济社会发展、保障人民群众生活具有重要作用。由于具有资本投入量大、市场支配地位明显、关乎民生、难以形成有效竞争等特点，为保障公共利益，根据国际惯例，需要政府对这些行业的价格进行有效监管。

党的十八大以来，按照党中央国务院决策部署，各级价格主管部门加快推进垄断行业定价制度建设，先后出台了输配电、天然气管道运输、铁路客运等重点行业定价办法或成本监审办法，初步建立起以“准许成本 + 合理收益”为核心的垄断行业定价制度框架，严格成本监审，强化价格监管，有效约束了垄断行业成本，惠及实体经济和广大人民群众。目前，已全面完成省级电网输配电价改革，核减成本比例达 14.5%；已基本完成天然气管道运输定价成本监审；一些城市也开展了供水定价成本监审，为进一步深化价格监管积累了宝贵经验。但是，当前我国垄断行业经营成本不够透明、价格形成不够合理的现象还比较突出，成本监审制度不够完善、覆盖面还需扩大，监管能力有待进一步提升，监管的科学化、精细化水平还需提高，迫切需要在总结价格监管实践基础上，借鉴国际先进经验，进一步完善机制、强化监管，建立健全科学定价方式，实质性降低偏高价格和收费水平，这既有利于合理降低企业成本和社会负担，也有利于提高垄断行业生产经营效率，是深化供给侧结构性改革的重要内容，是健全现代市场体系的有效举措，是保障社会公共利益的必然要求。

二、总体要求

（一）总体思路。按照“准确核定成本、科学确定利润、严格进行监管”的思路，以成本监审为基础，以科学定价机制为支柱，建立健全以“准许成本＋合理收益”为核心的约束与激励相结合的垄断行业定价制度，实现科学化、精细化、制度化、透明化监管，促进垄断行业健康可持续发展，合理降低垄断行业价格。

（二）基本原则。

坚持改革创新。正确处理政府与市场关系，深化垄断行业价格改革，放开竞争性领域和环节价格。切实转变价格监管的理念、方式、手段，不断完善成本监审制度、价格形成机制，强化成本约束，合理形成价格，增强企业降本增效的内生动力，保障社会公共利益。

坚持科学规范。合理界定政府、企业、消费者权利和义务，制定覆盖全部垄断行业的成本监审办法、定价办法，建立起科学的成本分担机制、合理反映成本构成和收益的价格形成机制。规范政府定价的程序和行为，严格依法依规开展价格监管。

坚持公开透明。坚持以公开为常态、不公开为例外原则，推进垄断行业价格监管的决策公开、程序公开、执行公开、结果公开。鼓励公众参与垄断行业价格监管制度建设、政策制定，及时公开价格制定调整、成本构成变化情况，强化社会监督。

坚持分类监管。根据不同垄断行业的生产经营特征和成本构成特点，分类建立定价规则，推进科学定价。区分企业经营的垄断性和竞争性领域，单独核算政府定价业务成本，推动建立相对独立的分类成本和利润指标体系。

坚持稳步推进。结合垄断行业体制机制改革，统筹兼顾行业发展与民生保障，把握好节奏和力度，协同推进价格监管。综合考虑行业发展阶段、社会承受能力、鼓励民间投资等因素，先易后难，重点突破，有序推进，逐步实现垄断行业科学定价的全覆盖。

（三）主要目标。到2020年，网络型自然垄断环节和重要公用事业、公益性服务行业定价办法、成本监审办法基本实现全覆盖，科学、规范、透明的垄断行业政府定价制度基本建立。

三、重点任务

以制度规则建设为重点，合理确定成本构成，科学确定投资回报率，建立健全“准许成本＋合理收益”的定价制度。以开展成本监审、规范定价程序、推进信息公开为抓手，严格进行监管，规范政府和企业价格行为。

（一）严格成本监审。健全垄断行业成本监审规则，加快制定出台分行业的成本监审办法，明确垄断行业定价成本构成和具体审核标准，特别是细化职工薪酬、折旧费、漏损率等约束性指标。扎实开展垄断行业成本监审，合理归集、分摊和核算成本，严格核减不应计入定价成本的费用，强化成本约束，为科学定价提供依据。创新成本监审方式，鼓励引入第三方参与监审，提高监审效率。

（二）健全定价机制。加快制定出台分行业具体定价办法，建立合理反映不同用户成本的价格机制。在准确核定成本基础上，综合考虑企业生产经营及行业发展需要、社会承受能力、供给安全和质量等因素，科学确定投资回报率，合理制定价格水平，促进企业获得合理收益、消费者合理负担。充分发挥价格机制的约束、激励作用，通过制定上限价格、标杆价格等办法，引导垄断企业主动开展技术创新、改进管理，降低生产经营成本。

（三）规范定价程序。所有垄断行业定价项目均纳入定价目录，实行清单化管理，并及时向社会公开。完善垄断行业政府定价决策机制，严格执行并实施成本监审、风险评估、专家论证、公众参与、集体审议等定价程序，创新价格听证方式，探索建立第三方参与垄断行业定价制度，充分听取社会公众意见，最大限度减少定价机构自由裁量权，着力规范政府定价行为。

（四）推进信息公开。建立健全垄断行业信息披露和公开制度，强化垄断企业向监管机构的信息报送和公开义务，督促垄断企业定期向社会披露生产经营和年度财务状况，公开有关成本及价格信息。政府定价机构制定和调整价格应当公开成本监审结论。完善城市供水成本信息公开制度，积极推进天然气管道运输成本信息公开，逐步扩大至所有垄断行业，提高政府定价的透明度。

（五）强化定价执行。清晰界定定价机构、垄断企业在政府定价政策制定、执行中的权责和义务，强化垄断企业责任。督促垄断企业严格落实政府定价政策，合理行使政府指导价浮动幅度内的自主定价权。加强政府定价政策执行事中事后监管，建立政府定价政策定期评估制度，并适时调整完善。

四、近期重点工作

围绕电力、天然气、铁路客运、居民供水供气供热等重点领域，加快建立健全成本监审办法和价格形成机制，从细从严开展成本监审和定价工作，规范垄断行业收费，降低企业成本，提高企业效率。

（一）输配电价格。严格执行并适时完善省级电网输配电价制度。加快推进跨省跨区专项输电工程和区域电网输电价格改革，力争2018年完成。研究核定增量配电网和地方电网配电价格，加快形成完整的输配电价监管体系。研究制定输配电成本和价格信息公开办法以及分电压等级成本核算、归集、分配办法。研究建立电力普遍服务、保底服务的成本回收机制，妥善处理并逐步减少政策性交叉补贴。

（二）天然气管道运输价格。依据已出台的定价办法和成本监审办法，深入开展跨省长途管道运输成本监审，合理制定价格水平，适时完善监管规则。强化省内短途管道运输和配气价格监管，加快落实输配气价格监管要求，全面梳理天然气各环节价格，2018年底前各地要建立起输配环节定价办法、成本监审办法，重新核定省内短途管道运输价格，制定独立配气价格，降低偏高输配价格。

（三）铁路普通旅客列车运输价格。依据已出台的定价成本监审办法，全面开展普通旅客列车运输成本监审，2017 年底完成成本监审工作，提出完善普通旅客列车硬座硬卧票价形成机制的意见。对公益服务属性特征明显的部分普通旅客列车客运产品，统筹协调价格调节与财政补贴，完善价格形成机制，逐步构建以列车运行速度和等级为基础、体现服务质量差异的票价体系。

（四）居民供水供气供热价格。制定完善居民供水供气供热成本监审办法、定价办法，力争 2020 年前实现全覆盖。强化供水成本监审，完善供水成本公开制度，引入约束激励机制，促进供水企业提高管理效率和服务质量，主动降低生产成本。开展城镇供气成本监审，完善居民用气价格机制，优化居民用气阶梯价格制度，减少交叉补贴。推进北方地区清洁供暖，落实煤热、气热价格联动机制，开展供热成本监审，按照“多用热、多付费”原则，逐步推行基本热价和计量热价相结合的两部制价格制度，合理引导热力消费。

（五）垄断行业经营服务性收费。清理规范垄断行业经营服务性收费，取消违规不合理收费，推动降低偏高收费标准。具备竞争条件的收费项目，一律放开由市场调节。保留政府定价管理的，要纳入收费目录清单，2017 年底前统一向社会公示，接受社会监督。由企业依法自主定价的，要落实明码标价规定，明确收费项目名称、服务内容和收费标准。没有提供实质性服务的，一律不得收费。已通过价格回收的成本，不得另行收费补偿。加大执法力度，严禁利用优势地位强制服务、强行收费或只收费不服务、多收费少服务。

五、保障措施

把加强垄断行业价格监管作为价格工作定位转型的重要方向，摆在突出重要的位置，深入研究、精心部署，健全制度、提升能力，不断提高政府价格监管的专业化水平。

（一）加强组织领导。各地要按照本意见精神，抓紧研究制定具体实施方案，强化责任担当，把握正确方向，细化工作安排，在抓落实出实效上多下功夫。要切实担负起主体责任，主要负责同志要亲自抓，分管负责同志要全力抓，建立健全工作任务台账制度，明确时间表、路线图、责任人。要加强与有关部门、地方的政策联动和工作协同，形成工作合力。及时发现总结基层创新举措和鲜活经验，典型引路、以点带面，更好推动工作落实。

（二）加强能力建设。强化监管队伍建设，推进垄断行业监管国际交流、合作，依托国内高校、智库加强人才培训，着力打造与监管需求相适应的专业化人才队伍。加快修订出台《政府制定价格行为规则》、《政府制定价格成本监审办法》、《政府制定价格听证办法》，为垄断行业定价提供制度保障。加快价格信息化建设，推动各级价格主管部门信息共享和系统互联互通，充分运用大数据、云计算等信息化手段，提升价格监管能力和水平。

（三）加强督察问效。密切跟踪工作进展情况，定期开展工作自查，主动查找不足、推进落实。建立健全定期调度督导制度，进一步强化责任，确保工作按时推进、取得实效。对工作进展滞后的地方，要及时督导，限时推进，加快落实。坚持问题导向，及时评估工作进展，认真研究、全力破解存在的问题，确保不折不扣完成预期目标。

（四）加强宣传引导。加大对垄断行业价格监管的宣传力度，准确解读价格监管政策，回应社会关切，及时曝光价格违法典型案件，保障公众知情权。充分发挥12358价格监管平台作用，鼓励公众及时反映垄断行业价格违法行为，强化社会监督。研究制定垄断行业价格监管制度、价格调整政策，凡是能够公开的，一律公开征求意见，集思广益，凝聚共识，营造良好舆论氛围。

健全科学定价方式　合理降低垄断行业价格

——国家发展改革委有关负责人就《关于进一步加强垄断行业价格监管的意见》答记者问

近日，国家发展改革委印发了《关于进一步加强垄断行业价格监管的意见》（以下简称《意见》）。针对社会各界关注的问题，记者采访了国家发展改革委有关负责人。

问：出台《意见》的主要背景是什么？

答：今年2月召开的中央财经领导小组第十五次会议提出，要在降低垄断性行业价格和收费方面下更大功夫，尽一切努力把企业负担降下来。垄断行业主要提供基础性、公益性产品和服务，与国计民生密切相关，对促进经济社会发展、保障人民群众生活具有重要作用。由于具有资本投入量大、市场支配地位明显、关乎民生、难以形成有效竞争等特点，为保障公共利益，根据国际惯例，需要政府对这些行业的价格进行有效监管。为贯彻落实中央财经领导小组会议精神和国务院“放管服”改革要求，国家发展改革委重点围绕网络型自然垄断环节和重要公用事业、公益性服务行业，深入研究进一步加强垄断行业价格监管的政策措施，参考国际监管理念，广泛征求各方面意见建议，形成了本次出台的《意见》。

问：《意见》的出台有何重要意义？

答：《意见》是加强垄断行业价格监管方面的标志性、指导性文件，首次对垄断行业科学定价进行了顶层设计和系统谋划，是今后一个时期垄断行业价格监管的重要遵循。

党的十八大以来，按照党中央国务院决策部署，各级价格主管部门加快推进垄断行业价格监管制度建设，先后出台了输配电、天然气管道运输等重点行业成本监审办法和定价办法，初步建立起以“准许成本＋合理收益”为核心的垄断行业定价制度框架，严格成本监审，强化价格监管，有效约束了垄断行业成本，惠及实体经济和广大人民群众。目前，已全面完成省级电网输配电价改革，核减成本比例达14.5%；已完成天然气管道运输定价成本监审，核减成本比例达16%；一些城市也开展了供水定价成本监审，为进一步深化价格监管积累了宝贵经验。

但是，当前我国垄断行业经营成本不够透明、价格形成不够合理的现象还比较突出，成本监审制度不够完善、覆盖面还需扩大，监管能力有待进一步提升，监管的科学化、精细化水平还需提高，迫切需要在总结价格监管实践基础上，借鉴国际先进经验，进一步完善机制、强化监管，建立健全科学定价方式，实质性降低偏高价格和收费水平。《意见》的出台，既有利于合理降低企业成本和社会负担，也有利于提高垄断行业生产经营效率，是深化供给侧结构性改革的重要内容，是健全现代市场体系的有效举措，是保障社会公共利益的必然要求。

问：下一步加强垄断行业价格监管的总体要求是什么？

答：《意见》提出，要按照“准确核定成本、科学确定利润、严格进行监管”的思路，以成本监审为基础，以科学定价机制为支柱，建立健全以“准许成本 + 合理收益”为核心的约束与激励相结合的垄断行业定价制度。《意见》强调，加强垄断行业价格监管要坚持改革创新、科学规范、公开透明、分类监管、稳步推进。《意见》指出，到2020年，要基本实现网络型自然垄断环节和重要公用事业、公益性服务行业定价办法、成本监审办法全覆盖，基本建立起科学、规范、透明的垄断行业政府定价制度。

问：加强垄断行业价格监管的制度框架是什么？

答：加强垄断行业价格监管需要着眼长远，通过制度建设实现管细管好管到位。《意见》明确了严格成本监审、健全定价机制、规范定价程序、推进信息公开、强化定价执行等五方面重点任务，构建了垄断行业价格监管的制度框架。要严格成本监审，加快制定出台分行业的成本监审办法，扎实开展垄断行业成本监审，创新成本监审方式。要健全定价机制，加快制定分行业的具体定价办法，科学确定投资回报率，促进企业获得合理收益、消费者合理负担，同时引导垄断企业主动开展技术创新、改进管理，降低经营成本。要规范定价程序，严格执行并实施成本监审、风险评估、专家论证、公众参与、集体审议等定价程序，创新价格听证方式，着力规范政府定价行为。要推进信息公开，建立健全垄断行业信息披露和公开制度，政府定价机构制定和调整价格应当公开成本监审结论，将成本信息公开逐步扩大至所有垄断行业，提高政府定价的透明度。要强化定价执行，清晰界定定价机构、垄断企业在政府定价政策制定、执行中的权责和义务，加强事中事后监管，建立政府定价政策定期评估制度。

问：《意见》印发后，下一步在加强垄断行业价格监管方面准备开展哪些重点工作？

答：《意见》对近期要重点抓好的输配电、天然气管道运输、铁路普通旅客列车运输、居民供水供气供热、垄断行业经营服务等领域的价格和收费监管进行了安排。一是严格执行并适时完善省级电网输配电价制度，加快推进跨省跨区专项输电工程和区域电网输电价格改革，研究核定增量配电网和地方电网配电价格，加快形成完整的输配电价监管体系。二是深入开展跨省长途管道运输成本监审，合理制定价格水平，适时完善监管规则，强化省内短途管道运输和配气价格监管，降低偏高输配价格。三是完成普通旅客列车运输成本监审，对公益服务属性特征明显的部分普通旅客列车客运产品，逐步构建以列车运行速度和等级为基础、体现服务质量差异的票价体系。四是制定完善居民供水供气供热成本监审办法、定价办法，力争2020年前实现全覆盖。推进北方地区清洁供暖，逐步推行基本热价和计量热价相结合的两部制价格制度。五是清理规范垄断行业经营服务性收费，具备竞争条件的一律放开由市场调节，保留政府定价管理的要纳入收费目录清单，2017年底前统一向社会公示。

来源：国家发改委网站

中国证监会

关于修改《证券发行与承销管理办法》的决定

（2017年8月28日中国证券监督管理委员会2017年第5次主席办公会议审议通过　2017年9月8日中国证券监督管理委员会令第135号公布　自公布之日起施行）

一、第九条第二款、第三款修改为："首次公开发行股票采用询价方式的，公开发行股票后总股本4亿股（含）以下的，网下初始发行比例不低于本次公开发行股票数量的60%；发行后总股本超过4亿股的，网下初始发行比例不低于本次公开发行股票数量的70%。其中，应当安排不低于本次网下发行股票数量的40%优先向通过公开募集方式设立的证券投资基金（以下简称公募基金）、全国社会保障基金（以下简称社保基金）和基本养老保险基金（以下简称养老金）配售，安排一定比例的股票向根据《企业年金基金管理办法》设立的企业年金基金和符合《保险资金运用管理暂行办法》等相关规定的保险资金（以下简称保险资金）配售。公募基金、社保基金、养老金、企业年金基金和保险资金有效申购不足安排数量的，发行人和主承销商可以向其他符合条件的网下投资者配售剩余部分。”

“对网下投资者进行分类配售的，同类投资者获得配售的比例应当相同。公募基金、社保基金、养老金、企业年金基金和保险资金的配售比例应当不低于其他投资者。”

二、删除第十条第四款。

三、第十三条第一款、第二款修改为：“网下和网上投资者申购新股、可转换公司债券、可交换公司债券获得配售后，应当按时足额缴付认购资金。网上投资者连续12个月内累计出现3次中签后未足额缴款的情形时，6个月内不得参与新股、可转换公司债券、可交换公司债券申购。”

“网下和网上投资者缴款认购的新股或可转换公司债券数量合计不足本次公开发行数量的70%时，可以中止发行。”

增加一款，作为第三款：“除本办法规定的中止发行情形外，发行人和主承销商还可以约定中止发行的其他具体情形并事先披露。中止发行后，在核准文件有效期内，经向中国证监会备案，可重新启动发行。”

四、第十九条增加一款，作为第三款：“网上投资者在申购可转换公司债券时无需缴付申购资金。”

本决定自公布之日起施行。

《证券发行与承销管理办法》根据本决定作相应的修改并对条文顺序作相应调整，重新公布。

证券发行与承销管理办法

（2013 年 10 月 8 日中国证券监督管理委员会第 11 次主席办公会议审议通过　根据 2014 年 3 月 21 日、2015 年 12 月 30 日、2017 年 9 月 8 日中国证券监督管理委员会《关于修改〈证券发行与承销管理办法〉的决定》修正）

第一章　总　则

第一条　为规范证券发行与承销行为，保护投资者合法权益，根据《证券法》和《公司法》，制定本办法。

第二条　发行人在境内发行股票或者可转换公司债券（以下统称证券）、证券公司在境内承销证券以及投资者认购境内发行的证券，适用本办法。

首次公开发行股票时公司股东公开发售其所持股份（以下简称老股转让）的，还应当符合中国证券监督管理委员会（以下简称中国证监会）的相关规定。

第三条　中国证监会依法对证券发行与承销行为进行监督管理。证券交易所、证券登记结算机构和中国证券业协会应当制定相关业务规则（以下简称相关规则），规范证券发行与承销行为。证券公司承销证券，应当依据本办法以及中国证监会有关风险控制和内部控制等相关规定，制定严格的风险管理制度和内部控制制度，加强定价和配售过程管理，落实承销责任。

为证券发行出具相关文件的证券服务机构和人员，应当按照本行业公认的业务标准和道德规范，严格履行法定职责，对其所出具文件的真实性、准确性和完整性承担责任。

第二章　定价与配售

第四条　首次公开发行股票，可以通过向网下投资者询价的方式确定股票发行价格，也可以通过发行人与主承销商自主协商直接定价等其他合法可行的方式确定发行价格。公开发行股票数量在2000万股（含）以下且无老股转让计划的，应当通过直接定价的方式确定发行价格。发行人和主承销商应当在招股意向书（或招股说明书，下同）和发行公告中披露本次发行股票的定价方式。上市公司发行证券的定价，应当符合中国证监会关于上市公司证券发行的有关规定。

第五条 首次公开发行股票，网下投资者须具备丰富的投资经验和良好的定价能力，应当接受中国证券业协会的自律管理，遵守中国证券业协会的自律规则。

网下投资者参与报价时，应当持有一定金额的非限售股份。发行人和主承销商可以根据自律规则，设置网下投资者的具体条件，并在发行公告中预先披露。主承销商应当对网下投资者是否符合预先披露的条件进行核查，对不符合条件的投资者，应当拒绝或剔除其报价。

第六条 首次公开发行股票采用询价方式定价的，符合条件的网下机构和个人投资者可以自主决定是否报价，主承销商无正当理由不得拒绝。网下投资者应当遵循独立、客观、诚信的原则合理报价，不得协商报价或者故意压低、抬高价格。

网下投资者报价应当包含每股价格和该价格对应的拟申购股数，且只能有一个报价。非个人投资者应当以机构为单位进行报价。首次公开发行股票价格（或发行价格区间）确定后，提供有效报价的投资者方可参与申购。

第七条 首次公开发行股票采用询价方式的，网下投资者报价后，发行人和主承销商应当剔除拟申购总量中报价最高的部分，剔除部分不得低于所有网下投资者拟申购总量的10%，然后根据剩余报价及拟申购数量协商确定发行价格。剔除部分不得参与网下申购。

公开发行股票数量在4亿股（含）以下的，有效报价投资者的数量不少于10家；公开发行股票数量在4亿股以上的，有效报价投资者的数量不少于20家。剔除最高报价部分后有效报价投资者数量不足的，应当中止发行。

第八条 首次公开发行股票时，发行人和主承销商可以自主协商确定参与网下询价投资者的条件、有效报价条件、配售原则和配售方式，并按照事先确定的配售原则在有效申购的网下投资者中选择配售股票的对象。

第九条 首次公开发行股票采用直接定价方式的，全部向网上投资者发行，不进行网下询价和配售。

首次公开发行股票采用询价方式的，公开发行股票后总股本4亿股（含）以下的，网下初始发行比例不低于本次公开发行股票数量的60%；发行后总股本超过4亿股的，网下初始发行比例不低于本次公开发行股票数量的70%。其中，应当安排不低于本次网下发行股票数量的40%优先向通过公开募集方式设立的证券投资基金（以下简称公募基金）、全国社会保障基金（以下简称社保基金）和基本养老保险基金（以下简称养老金）配售，安排一定比例的股票向根据《企业年金基金管理办法》设立的企业年金基金和符合《保险资金运用管理暂行办法》等相关规定的保险资金（以下简称保险资金）配售。公募基金、社保基金、养老金、企业年金基金和保险资金有效申购不足安排数量的，发行人和主承销商可以向其他符合条件的网下投资者配售剩余部分。

对网下投资者进行分类配售的，同类投资者获得配售的比例应当相同。公募基金、社保基金、养老金、企业年金基金和保险资金的配售比例应当不低于其他投资者。

安排向战略投资者配售股票的，应当扣除向战略投资者配售部分后确定网下网上发行比例。

网下投资者可与发行人和主承销商自主约定网下配售股票的持有期限并公开披露。

第十条 首次公开发行股票网下投资者申购数量低于网下初始发行量的，发行人和主承销商不得将网下发行部分向网上回拨，应当中止发行。

网上投资者有效申购倍数超过50倍、低于100倍（含）的，应当从网下向网上回拨，回拨比例为本次公开发行股票数量的20%；网上投资者有效申购倍数超过100倍的，回拨比例为本次公开发行股票数量的40%；网上投资者有效申购倍数超过150倍的，回拨后网下发行比例不超过本次公开发行股票数量的10%。本款所指公开发行股票数量应按照扣除设定12个月及以上限售期的股票数量计算。

网上投资者申购数量不足网上初始发行量的，可回拨给网下投资者。

第十一条 首次公开发行股票，持有一定数量非限售股份的投资者才能参与网上申购。网上投资者应当自主表达申购意向，不得全权委托证券公司进行新股申购。采用其他方式进行网上申购和配售的，应当符合中国证监会的有关规定。

第十二条 首次公开发行股票的网下发行应和网上发行同时进行，网下和网上投资者在申购时无需缴付申购资金。投资者应当自行选择参与网下或网上发行，不得同时参与。

发行人股东拟进行老股转让的，发行人和主承销商应于网下网上申购前协商确定发行价格、发行数量和老股转让数量。采用询价方式且无老股转让计划的，发行人和主承销商可以通过网下询价确定发行价格或发行价格区间。网上投资者申购时仅公告发行价格区间、未确定发行价格的，主承销商应当安排投资者按价格区间上限申购。

第十三条 网下和网上投资者申购新股、可转换公司债券、可交换公司债券获得配售后，应当按时足额缴付认购资金。网上投资者连续 12 个月内累计出现 3 次中签后未足额缴款的情形时，6 个月内不得参与新股、可转换公司债券、可交换公司债券申购。

网下和网上投资者缴款认购的新股或可转换公司债券数量合计不足本次公开发行数量的 70% 时，可以中止发行。

除本办法规定的中止发行情形外，发行人和主承销商还可以约定中止发行的其他具体情形并事先披露。中止发行后，在核准文件有效期内，经向中国证监会备案，可重新启动发行。

第十四条 首次公开发行股票数量在 4 亿股以上的，可以向战略投资者配售股票。发行人应当与战略投资者事先签署配售协议。

发行人和主承销商应当在发行公告中披露战略投资者的选择标准、向战略投资者配售的股票总量、占本次发行股票的比例以及持有期限等。

战略投资者不参与网下询价，且应当承诺获得本次配售的股票持有期限不少于 12 个月，持有期自本次公开发行的股票上市之日起计算。

第十五条 首次公开发行股票数量在 4 亿股以上的，发行人和主承销商可以在发行方案中采用超额配售选择权。超额配售选择权的实施应当遵守中国证监会、证券交易所、证券登记结算机构和中国证券业协会的规定。

第十六条 首次公开发行股票网下配售时，发行人和主承销商不得向下列对象配售股票：

（一）发行人及其股东、实际控制人、董事、监事、高级管理人员和其他员工；发行人及其股东、实际控制人、董事、监事、高级管理人员能够直接或间接实施控制、共同控制或施加重大影响的公司，以及该公司控股股东、控股子公司和控股股东控制的其他子公司；

（二）主承销商及其持股比例5%以上的股东，主承销商的董事、监事、高级管理人员和其他员工；主承销商及其持股比例5%以上的股东、董事、监事、高级管理人员能够直接或间接实施控制、共同控制或施加重大影响的公司，以及该公司控股股东、控股子公司和控股股东控制的其他子公司；

（三）承销商及其控股股东、董事、监事、高级管理人员和其他员工；

（四）本条第（一）、（二）、（三）项所述人士的关系密切的家庭成员，包括配偶、子女及其配偶、父母及配偶的父母、兄弟姐妹及其配偶、配偶的兄弟姐妹、子女配偶的父母；

（五）过去6个月内与主承销商存在保荐、承销业务关系的公司及其持股5%以上的股东、实际控制人、董事、监事、高级管理人员，或已与主承销商签署保荐、承销业务合同或达成相关意向的公司及其持股5%以上的股东、实际控制人、董事、监事、高级管理人员；

（六）通过配售可能导致不当行为或不正当利益的其他自然人、法人和组织。

本条第（二）、（三）项规定的禁止配售对象管理的公募基金不受前款规定的限制，但应符合中国证监会的有关规定。

第十七条 发行人和承销商及相关人员不得泄露询价和定价信息；不得以任何方式操纵发行定价；不得劝诱网下投资者抬高报价，不得干扰网下投资者正常报价和申购；不得以提供透支、回扣或者中国证监会认定的其他不正当手段诱使他人申购股票；不得以代持、信托持股等方式谋取不正当利益或向其他相关利益主体输送利益；不得直接或通过其利益相关方向参与认购的投资者提供财务资助或者补偿；不得以自有资金或者变相通过自有资金参与网下配售；

不得与网下投资者互相串通，协商报价和配售；不得收取网下投资者回扣或其他相关利益。

第十八条 上市公司发行证券，存在利润分配方案、公积金转增股本方案尚未提交股东大会表决或者虽经股东大会表决通过但未实施的，应当在方案实施后发行。相关方案实施前，主承销商不得承销上市公司发行的证券。

第十九条 上市公司向原股东配售股票（以下简称配股），应当向股权登记日登记在册的股东配售，且配售比例应当相同。

上市公司向不特定对象公开募集股份（以下简称增发）或者发行可转换公司债券，可以全部或者部分向原股东优先配售，优先配售比例应当在发行公告中披露。

网上投资者在申购可转换公司债券时无需缴付申购资金。

第二十条 上市公司增发或者发行可转换公司债券，主承销商可以对参与网下配售的机构投资者进行分类，对不同类别的机构投资者设定不同的配售比例，对同一类别的机构投资者应当按相同的比例进行配售。主承销商应当在发行公告中明确机构投资者的分类标准。

主承销商未对机构投资者进行分类的，应当在网下配售和网上发行之间建立回拨机制，回拨后两者的获配比例应当一致。

第二十一条 上市公司非公开发行证券的，发行对象及其数量的选择应当符合中国证监会关于上市公司证券发行的相关规定。

第三章 证券承销

第二十二条 发行人和主承销商应当签订承销协议，在承销协议中界定双方的权利义务关系，约定明确的承销基数。采用包销方式的，应当明确包销责任；采用代销方式的，应当约定发行失败后的处理措施。

证券发行依照法律、行政法规的规定应由承销团承销的，组成承销团的承销商应当签订承销团协议，由主承销商负责组织承销工作。证券发行由两家以上证券公司联合主承销的，所有担任主承销商的证券公司应当共同承担主承销责任，履行相关义务。承销团由 3 家以上承销商组成的，可以设副主承销商，协助主承销商组织承销活动。

承销团成员应当按照承销团协议及承销协议的规定进行承销活动，不得进行虚假承销。

第二十三条 证券公司承销证券，应当依照《证券法》第二十八条的规定采用包销或者代销方式。上市公司非公开发行股票未采用自行销售方式或者上市公司配股的，应当采用代销方式。

第二十四条 股票发行采用代销方式的，应当在发行公告（或认购邀请书）中披露发行失败后的处理措施。股票发行失败后，主承销商应当协助发行人按照发行价并加算银行同期存款利息返还股票认购人。

第二十五条 证券公司实施承销前，应当向中国证监会报送发行与承销方案。

第二十六条 上市公司发行证券期间相关证券的停复牌安排，应当遵守证券交易所的相关规则。

主承销商应当按有关规定及时划付申购资金冻结利息。

第二十七条 投资者申购缴款结束后，发行人和主承销商应当聘请具有证券、期货相关业务资格的会计师事务所对申购和募集资金进行验证，并出具验资报告；还应当聘请律师事务所对网下发行过程、配售行为、参与定价和配售的投资者资质条件及其与发行人和承销商的关联关系、资金划拨等事项进行见证，并出具专项法律意见书。证券上市后10日内，主承销商应当将验资报告、专项法律意见随同承销总结报告等文件一并报中国证监会。

第四章　信息披露

第二十八条 发行人和主承销商在发行过程中，应当按照中国证监会规定的要求编制信息披露文件，履行信息披露义务。发行人和承销商在发行过程中披露的信息，应当真实、准确、完整、及时，不得有虚假记载、误导性陈述或者重大遗漏。

第二十九条 首次公开发行股票申请文件受理后至发行人发行申请经中国证监会核准、依法刊登招股意向书前，发行人及与本次发行有关的当事人不得采取任何公开方式或变相公开方式进行与股票发行相关的推介活动，也不得通过其他利益关联方或委托他人等方式进行相关活动。

第三十条 首次公开发行股票招股意向书刊登后，发行人和主承销商可以向网下投资者进行推介和询价，并通过互联网等方式向公众投资者进行推介。

发行人和主承销商向公众投资者进行推介时，向公众投资者提供的发行人信息的内容及完整性应与向网下投资者提供的信息保持一致。

第三十一条 发行人和主承销商在推介过程中不得夸大宣传，或以虚假广告等不正当手段诱导、误导投资者，不得披露除招股意向书等公开信息以外的发行人其他信息。

承销商应当保留推介、定价、配售等承销过程中的相关资料至少三年并存档备查，包括推介宣传材料、路演现场录音等，如实、全面反映询价、定价和配售过程。

第三十二条 发行人和主承销商应当将发行过程中披露的信息刊登在至少一种中国证监会指定的报刊，同时将其刊登在中国证监会指定的互联网网站，并置备于中国证监会指定的场所，供公众查阅。

第三十三条 发行人披露的招股意向书除不含发行价格、筹资金额以外，其内容与格式应当与招股说明书一致，并与招股说明书具有同等法律效力。

第三十四条 首次公开发行股票的发行人和主承销商应当在发行和承销过程中公开披露以下信息：

（一）招股意向书刊登首日在发行公告中披露发行定价方式、定价程序、参与网下询价投资者条件、股票配售原则、配售方式、有效报价的确定方式、中止发行安排、发行时间安排和路演推介相关安排等信息；发行人股东拟老股转让的，还应披露预计老股转让的数量上限，老股转让股东名称及各自转让老股数量，并明确新股发行与老股转让数量的调整机制。

（二）网上申购前披露每位网下投资者的详细报价情况，包括投资者名称、申购价格及对应的拟申购数量；剔除最高报价有关情况；剔除最高报价部分后网下投资者报价的中位数和加权平均数以及公募基金报价的中位数和加权平均数；有效报价和发行价格（或发行价格区间）的确定过程；发行价格（或发行价格区间）及对应的市盈率；网下网上的发行方式和发行数量；回拨机制；中止发行安排；申购缴款要求等。已公告老股转让方案的，还应披露老股转让和新股发行的确定数量，老股转让股东名称及各自转让老股数量，并应提示投资者关注，发行人将不会获得老股转让部分所得资金。按照发行价格计算的预计募集资金总额低于拟以本次募集资金投资的项目金额的，还应披露相关投资风险。

（三）如公告的发行价格（或发行价格区间上限）市盈率高于同行业上市公司二级市场平均市盈率，发行人和主承销商应当在披露发行价格的同时，在投资风险特别公告中明示该定价可能存在估值过高给投资者带来损失的风险，提醒投资者关注。内容至少包括：

1. 比较分析发行人与同行业上市公司的差异及该差异对估值的影响；提请投资者关注发行价格与网下投资者报价之间存在的差异。

2. 提请投资者关注投资风险，审慎研判发行定价的合理性，理性做出投资决策。

（四）在发行结果公告中披露获配机构投资者名称、个人投资者个人信息以及每个获配投资者的报价、申购数量和获配数量等，并明确说明自主配售的结果是否符合事先公布的配售原则；对于提供有效报价但未参与申购，或实际申购数量明显少于报价时拟申购量的投资者应列表公示并着重说明；缴款后的发行结果公告中披露网上、网下投资者获配未缴款金额以及主承销商的包销比例，列表公示获得配售但未足额缴款的网下投资者；发行后还应披露保荐费用、承销费用、其他中介费用等发行费用信息。

（五）向战略投资者配售股票的，应当在网下配售结果公告中披露战略投资者的名称、认购数量及持有期限等情况。

第三十五条 发行人和主承销商在披露发行市盈率时，应同时披露发行市盈率的计算方式。在进行行业市盈率比较分析时，应当按照中国证监会有关上市公司行业分类指引中制定的行业分类标准确定发行人行业归属，并分析说明行业归属的依据。存在多个市盈率口径时，应当充分列示可供选择的比较基准，并应当按照审慎、充分提示风险的原则选取和披露行业平均市盈率。发行人还可以同时披露市净率等反映发行人所在行业特点的估值指标。

第五章 监管和处罚

第三十六条 中国证监会对证券发行承销过程实施事中事后监管，发现涉嫌违法违规或者存在异常情形的，可责令发行人和承销商暂停或中止发行，对相关事项进行调查处理。

第三十七条 中国证券业协会应当建立对承销商询价、定价、配售行为和网下投资者报价行为的日常监管制度，加强相关行为的监督检查，发现违规情形的，应当及时采取自律监管措施。中国证券业协会还应当建立对网下投资者和承销商的跟踪分析和评价体系，并根据评价结果采取奖惩措施。

第三十八条 发行人、证券公司、证券服务机构、投资者及其直接负责的主管人员和其他直接责任人员有失诚信、违反法律、行政法规或者本办法规定的，中国证监会可以视情节轻重采取责令改正、监管谈话、出具警示函、责令公开说明、认定为不适当人选等监管措施，或者采取市场禁入措施，并记入诚信档案；依法应予行政处罚的，依照有关规定进行处罚；涉嫌犯罪的，依法移送司法机关，追究其刑事责任。

第三十九条 证券公司承销未经核准擅自公开发行的证券的，依照《证券法》第一百九十条的规定处罚。

证券公司承销证券有前款所述情形的，中国证监会可以采取12至36个月暂不受理其证券承销业务有关文件的监管措施。

第四十条 证券公司及其直接负责的主管人员和其他直接责任人员在承销证券过程中，有下列行为之一的，中国证监会可以采取本办法第三十八条规定的监管措施；情节比较严重的，还可以采取3至12个月暂不受理其证券承销业务有关文件的监管措施；依法应予行政处罚的，依照《证券法》第一百九十一条的规定予以处罚：

（一）夸大宣传，或以虚假广告等不正当手段诱导、误导投资者；

（二）以不正当竞争手段招揽承销业务；

（三）从事本办法第十七条规定禁止的行为；

（四）向不符合本办法第五条规定的网下投资者配售股票，或向本办法第十六条规定禁止配售的对象配售股票；

（五）未按本办法要求披露有关文件；

（六）未按照事先披露的原则和方式配售股票，或其他未依照披露文件实施的行为；

（七）向投资者提供除招股意向书等公开信息以外的发行人其他信息；

（八）未按照本办法要求保留推介、定价、配售等承销过程中相关资料；

（九）其他违反证券承销业务规定的行为。

第四十一条 发行人及其直接负责的主管人员和其他直接责任人员有下列行为之一的，中国证监会可以采取本办法第三十八条规定的监管措施；构成违反《证券法》相关规定的，依法进行行政处罚：

（一）从事本办法第十七条规定禁止的行为；

（二）夸大宣传，或以虚假广告等不正当手段诱导、误导投资者；

（三）向投资者提供除招股意向书等公开信息以外的发行人信息；

（四）中国证监会认定的其他情形。

第六章 附 则

第四十二条 其他证券的发行与承销比照本办法执行。中国证监会另有规定的，从其规定。

第四十三条 本办法自2013年12月13日起施行。2006年9月17日发布并于2010年10月11日、2012年5月18日修改的《证券发行与承销管理办法》同时废止。

[司法实务问题研究]

论破产管理人债权审查标准

黄雯思*

内容提要： 债权审查作为破产程序的基础工作，是整个破产程序的重中之重。然而破产实务中，如何对债权人申报的债权进行审查并确认，缺乏一定的标准。从目前企业破产法立法情况来看，相关法律法规、规章制度并没有对破产债权的审查标准作出明确规定。本文作者从平时的审判工作经验出发，分别对破产债权审查的基本标准及具体标准进行分析、论述，并通过纵向、横向分类，着重分析破产债权审查的具体标准。

新企业破产法于2006年颁布实施后，摒弃了旧企业破产法中债权人会议单一主体、单一层次的债权审查模式，将破产债权的审查确认进行分解，改为由管理人审查、债权人会议核查、最终由法院确认的新模式。企业破产法第五十七条规定："管理人收到债权申报材料后，应当登记造册，对申报的债权进行审查，并编制债权表。"这一规定确立了管理人是接受债权申报的主体，其既要对债权资料进行接收、登记，又要对债权的合法性、债权数额的多少进行核查。破产制度的重要意义，便是在审查、确认破产债务的基础上，通过破产财产的处置分配，达到债务清零、企业有序退出市场的目的。债权审查作为破产程序的基础工作，是整个破产程序的重中之重。但从目前企业破产法立法情

* 温州市瓯海区人民法院审判员。

况来看，并没有相关法律法规对破产债权的审查标准作出明确规定，导致破产管理人在债权审查工作中，缺乏相应标准，无法统一操作。

有鉴于此，个别地市破产管理人协会相应出台了《破产管理人业务操作指引》，该指引可作为管理人工作的一项重要参考。就债权审查方面，指引对管理人债权审查事项的具体范围作了详细规定，并明确提出管理人对申报的债权应进行实质性审查，即审查债权的真实性、合法性、时效性等①。但除此之外，指引未对债权审查的具体标准进行规定。近几年来，法院受理的破产案件日益增多，案件情况纷繁复杂，无论是破产管理人还是法院，均企盼着能对债权审查标准进行统一，形成较模式化债权审查机制，有效推进破产工作。本文结合笔者的法院审理工作经验，对管理人债权审查基本标准及具体标准进行简要的分析、阐述。

一、管理人债权审查基本标准

在司法实践中，法院一般会要求管理人参照法院审理案件的标准对申报的债权进行审查。这主要有两方面理由。一是破产案件实际上是将多个原本要进入法院审理的债务纠纷，纳入一个案件中审理，不同的是，审查人由法院变成了管理人。因此，从公平、公正角度考虑，破产案件中债权认定的标准应与法院同类案件的审理标准相当。二是根据企业破产法规定，对管理人审查的债权有异议的，债权人及债务人可以提起破产债权确认之诉。② 根据该规定，当管理人的审查标准与法院审理标准出现差距时，会有更多债权人向法院提起破产债权确认之诉，不仅造成审查工作重复，更会增加当事人诉累，并造成司法资源的浪费。

因此，管理人在审查债权的时候，既不能比法院审查的宽松，也不能过于严格。企业破产法赋予管理人对债权人申报债权的实质审查权，这就要求管理人应参照法院审理案件的过程，对申报资料的来源是否合法，内容是否真实，与欠款事实有无关联性等进行实质性审查。有些管理人在债权审查过程中不做认真细致的审查，而是简单与债务人的财务账册核对欠款金额，若金额相符便

① 详见《厦门市破产管理人业务操作指引》第三十条。

② 详见企业破产法第五十八条。

予以确认，这样做并不可取。虽然管理人无法像法院审理案件一样，通过开庭审理的方式，听取双方当事人的陈述、举证和质证，再对法律事实进行认定，但管理人可以参照《最高人民法院关于民事诉讼证据的若干规定》第六十五条规定①，对债权人提供的证据进行审查，并按照民事诉讼法规定的“谁主张，谁举证”原则，由不能举证或者举证不能的债权人承担相应的法律后果。

二、管理人债权审查具体标准

由上文得知，破产管理人进行债权审查应当参照法院审理案件的标准。司法实践中，法官审理案件（主要指经济纠纷）所把握的标准及采用的方法具有一定的共性及差异性。共性体现在对各类纠纷所具备共同特征的部分，可以采取相同的审理标准，如主体资格的查明、诉讼时效的认定、争议金额的核实等。差异性体现在因各类纠纷所依赖的基础关系以及当事人提供的证据材料千差万别，应采用不同的审查方法及标准。故笔者亦以此为参照，将管理人债权审查工作进行分解与划分，分为纵向审查与横向审查。纵向审查应审查各类债权的共性特征，主要包括债权主体、申报材料、债权时效、债权性质、债权数额等五个方面；横向审查应审查各类债权的基础关系，不同的证据材料的认定等，并在此基础上对相应审查标准进行分析阐述。

（一）纵向审查标准

1. 对主体资格的审查标准

一般来说，向破产管理人进行债权申报的人员有两类：申报人本人、申报人的委托代理人。①申报人为本人的，通常分为个人或者单位。对个人，管理人应核对个人提供的身份证或其他能够证明身份的证件。对于企业，应审查企业营业执照或其他批准设立的登记证明，以及盖有企业公章的法定代表人身份证明。②申报人委托他人代为申报的，除了提供委托人的上述基本证件外，还

---

① 《最高人民法院关于民事诉讼证据的若干规定》第六十五条：审判人员对单一证据可以从下列方面进行审核认定：

（一）证据是否原件、原物，复印件、复制品与原件、原物是否相符；

（二）证据与本案事实是否相关；

（三）证据的形式、来源是否符合法律规定；

（四）证据的内容是否真实；

（五）证人或者提供证据的人，与当事人有无利害关系。

应当要求受托人出具授权委托书及受托人的身份证明文件，授权委托书应明确载明委托事项及范围。

2. 对申报材料的审查标准

债权申报材料通常包括债权申报表和证明债权成立及数额的相关材料。申报人除了规范填写债权申报表外，还应当提供合同、结算凭证、法院裁判文书等证据进行证明。企业破产法并未明确规定管理人应如何对申报材料进行审查，但深圳市律师协会于2014年10月8日发布的《律师担任破产案件管理人债权申报及审查业务指导标准》第十二条、第十三条规定管理人应对债权进行形式审查和实质审查。① 其中形式审查包括对申报债权的书面形式、申报期限、债权凭据、债权数额等进行审查；实质审查包括对是否经生效法律文书确认，证据是否真实、合法、充分，债务人财务是否有记录等方面进行审查。其中证据的真实性、合法性、关联性审查是审查环节中的重点及难点，笔者将在下面内容中展开论述。

3. 对债权时效的审查标准

债权的时效性审查包括两方面，一是审查债权申报期限，二是审查债权诉讼时效。

①关于债权申报期限。企业破产法第四十八条、第五十六条对债权申报期限进行了明确规定。② 据此，破产管理人在审查债权时要区分债权的申报日期是在申报期限之内还是之外。如果申报人在申报期限内申报，申报有效。如果申报人未在申报期限内申报，其在破产财产最后分配之前仍可以向管理人申报

---

① 《律师担任破产案件管理人债权申报及审查业务指导标准》第十二条：管理人对债权人的债权申报形式进行审查，包括是否采用书面形式、是否在申报期限内申报、是否提交了证实债权申报主体资格、证实债权是否成立、债权数额和有无财产担保的证明材料。

第十三条：管理人应当根据下列原则对债权申报的实体内容进行审查：

（一）有生效法律文书确认的，应当根据生效法律文书确认债权，但超过申请执行时效的债权不列入破产债权；

（二）无生效法律文书确认，但证据真实、合法、充分，或者虽然证据不足，但债务人财务记录有明确记载或者有其他证明文件的，应当根据证据、财务记录或者其他证明文件确认债权。

② 企业破产法第四十八条：债权人应当在人民法院确定的债权申报期限内向管理人申报债权。

第五十六条：在人民法院确定的债权申报期限内，债权人未申报债权的，可以在破产财产最后分配前补充申报；但是，此前已进行的分配，不再对其补充分配。为审查和确认补充申报债权的费用，由补充申报人承担。

债权。管理人应当对此类债权进行审查，并且该债权也要经过核查、确认的程序。但不同的是，补充申报的债权只能在未被分配的破产财产中按比例分配，已经分配的破产财产不再补充分配，并且补充申报人应支付相应费用。如果申报人是在破产财产被最后分配后申报债权的，该申报无效。

②关于债权诉讼时效。根据《最高人民法院关于审理企业破产案件若干问题的规定》第六十一条第（七）项规定，超过诉讼时效的债权不能认定为破产债权。但实践中，直接认定表面已超过诉讼时效的债权不属于破产债权并不合适。对于此类申报债权，管理人可以参考法院的审查方式，对相关事实进行细致审查。首先，管理人应当对超过诉讼时效的债权提出异议，申报人则可以向管理人提供证据证明自己曾有效地将行使债权的意思表示向债务人送达，比如曾向债务人催讨或者债务人曾承诺付款等。其次，管理人应就上述证据进行认真审查，就相关事实征求债务人负责人、财务人员或其他相关人员的意见，并形成书面谈话记录。最后，管理人应从公平、公正的角度出发，对经审查认定存在上述事实的，可对相关申报债权予以确认。

4. 对债权性质的审查标准

根据企业破产法第一百零九条、第一百一十三条的规定，可以总结得出破产债权按照以下顺序清偿：①可抵销债权（法律规定的除外）；②有担保的债权；③职工债权；④税款债权；⑤普通债权。因此，管理人在审查债权时应先查明债权性质，并根据债权性质不同把握相应的审查标准。对有担保的债权，管理人应结合担保法、物权法等相关法律规定，对担保行为是否生效、担保的范围及数额进行审查，比如申报人主张债权由不动产担保的，管理人应对该不动产担保行为是否已办理相应公示登记进行审查。对职工债权，管理人应结合债务人的工资册、财务账册、职工社保记录等相关材料进行审查。对税款债权，管理人应结合债务人的财务审计报告进行审查。

5. 对债权数额的审查标准

破产实务中，债权数额通常包括两部分，一是本金，二是利息或违约金。关于本金的计算，争议不大，管理人只需核对申报金额与其提供证据上记载的金额即可。实践中，利息或违约金数额的审查，往往是债权审查工作的难点。由于企业破产法没有将违约金和利息排除于破产债权之外，因此合法的违约金及利息应依法予以认定为破产债权。

①就违约金而言，管理人应当首先审查债务人主张违约金的相关依据，如申报人提供的证据材料是否记载违约金约定。其次，管理人应当对约定过高的违约金数额进行调整。如果申报人能够证明债务人行为造成其实际损失的具体数额，管理人则应把违约金降至实际损失数额，如果无法证明，管理人可以根据《最高人民法院关于适用〈中华人民共和国合同法〉若干问题的解释（二）》第二十九条的规定[①]，将违约金调低至本金金额的30%。

②利息通常为两种情况，一是双方约定的利息，二是因资金占用造成的利息损失。对于申报人主张利息的，管理人应先审查其提供的证据能否证明双方约定利息的事实，其次如果双方约定的利息超过了同期贷款利率的四倍，管理人最高以四倍计算利息。对于申报人主张利息损失的，管理人应当以人民银行同期贷款基准利率计算利息。另外，根据企业破产法第四十六条的规定，附利息的债权自破产申请受理时起停止计息。实践中，不少申报人申报债权时，将利息计算至债权申报之日，故管理人在审查时应对超出部分利息进行核减。

（二）横向审查标准

1. 对基于不同基础关系的债权审查要点

申报的债权因其依据的基础关系不同，管理人对其进行审查确认时，应有不同的审查要点。下文就两类典型性合同债权的审查要点进行分析、阐述。

①买卖、承揽合同债权审查要点。企业作为市场交易活动中的重要主体，尤其是生产、贸易型企业，其对外负债很大部分是基于买卖、加工等业务往来关系。此类债权往往以普通债权为多。实践中，申报此类债权应提供相应的合同、对账单、欠条、送货单等证据材料，以证明合同关系的存在及欠款事实。对于没有签订书面合同的，可以提供相应结算依据或者货物交付依据，管理人应结合双方交易习惯及债务人实际情况，对申报人提供的证据进行审查、确

---

① 《最高人民法院关于适用〈中华人民共和国合同法〉若干问题的解释（二）》第二十九条：当事人主张约定的违约金过高请求予以适当减少的，人民法院应当以实际损失为基础，兼顾合同的履行情况、当事人的过错程度以及预期利益等综合因素，根据公平原则和诚实信用原则予以衡量，并作出裁决。

当事人约定的违约金超过造成损失的百分之三十的，一般可以认定为合同法第一百一十四条第二款规定的“过分高于造成的损失”。

认。申报人无法证明合同关系存在及欠款事实的，应承当举证不能的法律后果。

②借款合同债权审查要点。借款合同主要分为金融借款合同和民间借款合同。对于基于金融借款合同的债权，金融机构因其专业性，在债权申报时往往能提供较为完整、规范的证据材料，管理人的审查工作也相对简单。但应注意的是此类金融债权复利的计算问题。实践中，通常应对申报人主张的期内复利予以确认，对期外复利不应予确认。对于基于民间借款合同的债权，申报人应当提供借条、银行转账凭证等进行证明，管理人应对主体资格、借款合同的真实性、借款合同的约定内容及合同是否已履行等法律事实进行审查。对于现金交付的借贷，管理人可根据交付凭证、支付能力、交易习惯、借贷金额大小、当事人关系以及当事人陈述的交付细节经过等因素综合判断是否存在借贷关系。①

2. 对各类证据材料的审查标准

破产实务中，破产管理人审查债权是否真实有效应当立足于申报人提交的证据材料，通过审查，对具备真实性、合法性、关联性的证据予以认定采纳。实践中，申报人提交的证据一般有以下几类，管理人应当分情况进行审查。

①法院判决书、调解书。通常情况下，法院作出的判决书、调解书会对相应法律事实及债权是否成立、债权金额多少进行认定。所以申报人只需提供已生效的法律文书进行债权申报，无须提供其他证据。管理人在审查债权时应对判决书、调解书的关联性及文书是否已经生效进行审查。

②合同。破产债务人与债权人签订的各种合同是债权形成的主要证据。对合同的审查应从以下几方面把握标准。一是合同的真实性。首先是合同双方签字盖章的真实性。合同应由债务人和申报人双方签字盖章确认，管理人可以把合同上债务人的印章或其负责人、有权代理人的签名与其接管的内部资料里的印章、签名进行对比，若管理人无法接管任何账册、资料，可以与债务人在工商登记机构备案材料上的印章、签名相比对。其次是合同内容的真实性。管理人应审查合同是否有改动过的痕迹，若合同经改动，则需审查更改的地方是否由合同双方确认。二是合同的效力。实践中，申报人提供的合同并非都很规

① 朱深远主编：《商事审判实务技能》，人民法院出版社2013年版，第105页。

范，一些合同只有所谓代理人的签字，没有加盖公司印章亦没有负责人签名，此类合同在法律上属于效力待定的合同。管理人可以根据合同法第四十八条、第四十九条的规定对该合同的效力进行审查、确认。首先，对于代理权限的认定。管理人若能接管债务人内部材料的，可以对代理人是否是债务人公司员工、担任具体职务等事实进行查明，从而对合同效力进行认定。若管理人未能接管债务人内部材料，亦无法查明代理人身份的，根据法律规定，应由主张代理权的申报人一方承担举证责任。其次，对于追认行为的认定。对于此类合同，管理人可以核对申报人提交的运货单、付款承诺书等证据，仔细审查债务人有没有对合同进行追认的行为。如果上述证据反映债务人已接受合同履行的，可以视为债务人对合同进行追认。管理人已接管债务人财务账册等内部资料的，可以通过审查内部资料，更加方便查明是否存在追认行为。

③欠条、对账单等结算凭证。实践中，债务人、债权人双方进行商业合作时，出于信任或行业习惯，并未签订书面合同，很多已经实际履行的交易是口头承诺。这种情况下，申报人往往只能提供欠条、对账单、结算单等证据来证明债权的存在。对于此类证据，管理人应对单据的真实性及有效性予以审查，包括对单据上的签字、印章真实性进行审查，对没有加盖债务人印章或负责人签字单据的效力进行审查，具体审查标准可以参考上文合同的审查标准。经审查，申报人所提供的证据形式完整、内容真实的，管理人应依法予以认定。对于形式、内容上有瑕疵的证据，若管理人已接管债务人内部资料的，可以通过核对债务人账簿、交易记录等多种方式收集证据进行印证，当仔细查证确认事实准确无误后，方能认定债权成立。若管理人无法接管债务人内部资料的，对于有瑕疵的证据，应由申报人承担举证不能的后果。

④送货单、运单等交付凭证。债务人、双方未签订书面合同的，债权人履行合同义务后，未能与债务人进行书面结算的，申报人往往只能以送货单、运单等货物交付凭证为证据，向管理人申报债权。管理人在审查此类证据时，应对送货单有无签收，签收人是何身份，单据能否反映货物价值等事项进行核实。送货单无人签收的，相应债权不应予以确认；送货单有单位印章或者单位负责人签收的，相应债权应予以确认。送货单若为其他人员签收，管理人在审查时应查明签收人员是否为债务人员工，其签收行为是否经债务人授权。若管

理人已接管债务人内部资料的，可以通过核查职工信息、库存清单、财务账册等，对收货事实予以查明。若管理人无法接管债务人内部资料的，应由申报人对其主张承担全部举证责任。另外，申报人提供的货物交付凭证应当能反映货款金额。单据只注明货物数量，未注明金额的，申报人可以提供其他证据对货物价格进行补充证明，否则由申报人承担举证不能的不利后果。管理人应当结合其掌握的债务人内部资料，对此类单据进行综合认定。

需要补充说明的是，管理人进行债权审查时，不能只就申报人提供的证据进行简单确认或否定。在有条件的情况下，应当主动询问债务人的法定代表人、负责人或者职工有关债权的情况，并制作好谈话笔录。管理人还应充分利用手头掌握的债务人内部资料，如财务账册、债权债务清单、资产清单等，对申报人提供的证据进行综合分析，对能够相互印证的事实予以确认。

三、结语

在一个破产案件中，管理人可能会审查几十甚至几百笔债权，每笔债权的法律关系、证据表现都不尽相同，这对管理人的专业性提出了很高的要求。企业破产法赋予管理人对债权审查的自由裁量权，与其说管理人审查了一笔债权，不如说管理人充当法官审判了一个民事案件。因此，管理人在进行债权审查工作时，应当谨慎把握各类债权的审查标准，秉着公正、中立、专业的态度对每笔债权进行法律审查。

[新类型疑难案例选评]

章某诉张某海股东损害公司债权人利益责任纠纷案[*]

张泽华[**]

【裁判要旨】

从维护商事交易安全角度考虑，充分肯定工商登记信息的形式推定力，不论被告张某海是名义股东还是实际股东，其在不能举证证明一人有限责任公司财产独立于其个人财产时，仍应当对公司债权人承担连带责任。

【基本案情】

2010年12月25日，章某与汇丰绿谷公司签订《土地承包合同》，约定汇丰绿谷公司将该公司农业科技种植园内A-202号地块使用权及地上物使用权转让给章某，章某给付对价25万元。合同约定价款支付方式为分期付款，章某于签署合同当日支付汇丰绿谷公司20万元，于2011年4月1日前支付5万元；同时约定汇丰绿谷公司在2011年4月1日前向章某交付土地及地上物。合同签订后，章某依约支付20万元，汇丰绿谷公司一直未交付土地及地上物。2012年2月18日，汇丰绿谷公司出具书面退款书，承诺于2012年3月31日

* 本案案号：(2016) 京0116民初1533号。

** 作者单位：北京市怀柔区人民法院。

之前退还20万元。后汇丰绿谷公司退还9万元，尚欠11万元。章某于2012年9月20日诉至法院，要求汇丰绿谷公司退还剩余合同价款11万元，违约金22246元，合计132246元。该案审理过程中，双方达成和解，该公司于2013年1月15日之前给付章某12万元，如逾期履行，则公司按日另给付章某90元，双方无其他纠纷。调解书生效后，汇丰绿谷公司未自动履行义务，章某于2013年1月31日向法院申请强制执行。在执行过程中，因汇丰绿谷公司现住所地不详，未发现可供执行财产，裁定终结本次执行程序。2016年3月2日章某以股东损害公司债权人利益责任纠纷为由起诉汇丰绿谷唯一股东张某海，请求依法判令一人有限责任公司股东张某海对公司的债务承担连带清偿责任。

庭审中，原告章某向法庭提交了汇丰绿谷公司的工商查询档案，其上显示2012年7月11日汇丰绿谷公司的原一人股东兼法定代表人史某顺将200万元股权转让给张某海，张某海接受并担任该公司的执行董事、经理。同日，张某海作为公司法定代表人在新章程上签字。针对该项证据，被告张某海抗辩转股协议和章程上的签字不是其亲笔书写，经法庭释明是否申请鉴定时，其明确表示不申请。同时，张某海陈述，2012年五六月份，孙某术找到张某海，请张某海当一个月的法定代表人，张某海表示同意。但一个月期满后，孙某术并未变更公司法定代表人。张某海表示其仅在工商局变更营业执照时见过史某顺，并不知情史某顺将200万元股权转让给自己的事实，同时自己也没有向史某顺支付股权转让对价。经法庭询问其是否有证据证明个人财产独立于公司财产时，被告张某海仅表示他的财产与公司无关，但无证据。

2012年3月20日，史某顺与孙某术签订《公司转让合同》，约定孙某术自愿收购汇丰绿谷公司，转让价款为57.5万元，同时约定在本合同双方签字生效当日，孙某术以现金的方式一次性向史某顺支付完毕。

【审理情况】

北京市怀柔区人民法院认为，2012年3月20日，史某顺与孙某术签订合同，约定孙某术自愿收购汇丰绿谷公司，转让价款为57.5万元。孙某术在原调解案件中作为委托代理人参与该案诉讼。同时结合庭审中张某海的陈述意见，张某海为汇丰绿谷公司的名义股东具有一定可能性。如果张某海是汇丰绿谷公司的实际股东，则在其不能提供有效证据证明其个人财产与公司财产相独立时，对公司债务承担连带责任自不待言。另依据商事外观主义，公司登记信息具有公示公信力，一人股东以其为名义股东进行的抗辩不能对抗第三人。从维护商事交易安全角度考虑，本院充分肯定公司登记信息的形式推定力，不论被告张某海是名义股东还是实际股东，其在不能举证证明一人有限责任公司财产独立于其个人财产时，仍应当对公司债权人承担连带责任。依照公司法第二十条、第六十三条之规定判决：一、被告张某海对（2012）怀民初字第04882号民事调解书确定的北京汇丰绿谷农业科技有限公司对原告章某所负担的十二万元债务及逾期付款违约金（每日九十元，从二〇一三年一月十六日起至十二万元付清之日止）承担连带清偿责任；二、被告张某海对因北京汇丰绿谷农业科技有限公司迟延履行（2012）怀民初字第04882号民事调解书确定的金钱给付义务而负担的迟延履行利息（以十二万元为基数，按中国人民银行同期贷款利率的双倍计算，自二〇一三年一月十六日起计算至二〇一四年七月三十一日；以十二万元为基数，按日万分之一点七五，从二〇一四年八月一日起计算至实际清偿之日）承担连带清偿责任。一审宣判后，各方当事人均未上诉，判决发生法律效力。

［评析］

一人有限责任公司名义股东应否对公司债务向公司债权人承担连带责任的认定

如果张某海是实际股东，则在其不能提供有效证据证明其个人财产与公司财产相独立时，应当对公司债务承担连带责任。本案的关注焦点在于如果张某海为名义股东，其能否免除公司财产独立于自己财产的证明责任，即当其不能举证证明时应否对公司债务承担连带责任。

针对本案的处理意见有以下两种观点。

第一，按照原告提交的公司登记证据，张某海受让了公司股权，并在公司章程上签字，在无相反证据情况下，推定张某海为该公司股东。如其不提供证据证明公司财产独立于其自己的财产，应当对公司债务承担连带责任。因此对原告诉讼请求予以支持。

第二，通过《公司转让合同》及张某海当庭陈述意见，可知张某海仅是该公司的名义股东，其并未以自身财产投资入股公司，自无财产混同的可能，更无法导致公司人格与其个人人格混同，因此无须张某海承担举证责任，应当驳回原告诉讼请求。

本案最终采取了第一种意见，无论被告张某海是否为实际股东，作为一人有限责任公司股东都应当对公司债务承担连带责任。

一、从维护交易安全原则出发，严格遵循商事外观主义

商事交易重在简便，贵在迅捷。商事交易的安全是维护交易便捷迅速的前提。商事外观主义旨在保护商事交易安全，具体是指商主体的行为意思应当以商行为外观公示为准，并具有法律推定力；当商行为公示的事项与事实不符时，交易相对人可以依据公示事项主张权利。只要商主体履行了应尽的注意义务，比如查询公司登记等公示信息，其基于对该信息的信赖而进行的交易行为就应当产生可预见的法律效果。现代商法都采用了外观主义保障交易安全。我国公司法要求公司应当将股东的姓名或者名称向公司登记机关登记；登记事项发生变更的，应当办理变更登记。在工商机关备案的公司股东信息，具有公示公信力，非经登记不得对抗第三人，第三人依据公司登记信息外观就可以推定公司的股东情况，进而选择交易抑或不交易。

当然公司登记的信息不一定是真实的，但法律通过赋予公司登记信息公示公信力，使得登记内容具有了法律上的形式推定力。否则第三人在商事交易中就会不知所措，当其花费大量时间成本进行实质核实时，本身的交易机会也可能会丧失，整个市场的交易秩序也会受到影响，从根本上也与商法简便迅捷的价值相抵触。严格遵循外观主义，赋予公司登记信息公示公信力，既是对商主体的保护，更是对商事交易安全的关注。

本案中，张某海作为理性人在公司工商变更材料中签署自己名字，第三人章某仅能依据公司外观公示信息了解该公司，其无能力更无义务进一步核实该登记股东是否为实际股东。即使张某海为名义股东，其并未利用公司人格损害公司债权人利益，其也不能以此对抗交易相对人。因为交易相对人因信赖公司

登记信息而进行的交易行为更应当受到法律保护。更何况名义股东基于公司人格否认对公司债权人承担了连带责任后，其尚可以向实际股东追偿，并不妨碍对实质公平的追求。

二、从法律解释技术角度分析，名义股东也不能免除连带责任

（一）《最高人民法院关于适用〈中华人民共和国公司法〉若干问题的规定（三）》[以下简称《公司法司法解释（三）》]第二十六条在立法目的上与公司法第六十三条具有一致性

针对公司股东不履行、不及时充分履行缴纳出资义务，基于维护公司资本的确定、充分考虑，《公司法司法解释（三）》第二十六条规定，在公司股东未完全出资场合，公司债权人以登记于公司登记机关的股东未履行出资义务为由，请求该股东对公司债务不能清偿的部分在未出资本息范围内承担补充赔偿责任，股东以其仅为名义股东而非实际出资人为由进行抗辩的，人民法院不予支持。这里的“未履行出资义务”应当作广义的理解，既包括完全不履行、未完全履行，也包括了虚假出资、抽逃出资等情形。公司财产与股东财产混同，是一种虚假出资形式，其直接导致了公司没有独立财产，公司资本受影响。当公司没有独立财产时，既无责任能力，更无法谈及独立人格。也就是说，当公司股东个人财产与公司财产混同时，最直接的后果就是公司没有独立财产，同样会伤及公司资本的确定、充分，该种情形在本质上与股东“未履行出资义务”有一致的有害性。因此，基于法律规制目标的同一性，《公司法司法解释（三）》第二十六条同样适用于因财产混同所造成的公司资本不足问题，即一人有限责任公司中，公司债权人以登记于公司登记机关的股东将公司财产混同于个人财产为由，要求股东对公司债务不能清偿的部分在未出资本息范围内承担补充赔偿责任，股东以其仅为名义股东而非实际出资人为由进行抗辩的，人民法院不予支持。

（二）公司法第六十三条为第二十条的特别法

公司法第六十三条在体系上属于公司法第二章第三节，其属于第一章总则第二十条关于公司法人人格否认制度在一人有限责任公司中的特别规定。由于一人有限责任公司容易发生股东与公司财产混同的情形，因此我国公司法第六

十三条从举证责任倒置角度出发来敦促一人公司的股东遵守公司法相关规定，从法律技术的角度对一人公司股东苛以更为严格的举证责任，其实质是当一人股东不能证明个人财产与公司财产相独立时，法律推定该一人股东个人财产与公司财产混同，后果就是一人公司人格被否认，一人股东对该公司债务承担连带责任。

通过对法条的目的解释和体系解释分析可以得出，一人股东在不能证明公司财产独立于自己财产，却以其仅为名义股东而非实际出资人为由进行抗辩的，一人有限责任公司的股东不能免除其在未出资本息范围内对公司债权人承担赔偿责任。至于该赔偿责任为连带性的，还是补充性的问题，本文认为只要在股东出资限额内，二者无须进行实质区分；对于股东出资范围外的债务，股东应当以自身个人财产对公司债务承担连带责任。归结到本案中，公司登记材料中显示张某海对该一人公司出资200万元，债权人章某未获清偿债权10多万元，被告张某海应当以自身财产对原告章某承担连带清偿责任。

除此以外，从债权相对性原则出发，名义股东和实际股东之间关于股权代持的约定本身属于双方之间的内部合意，无法对抗公司外部的第三人。

[民事诉讼法司法解释理解与适用]

第一百七十八条 [修改]

人民法院依照民事诉讼法第一百一十条至第一百一十四条的规定采取拘留措施的，应经院长批准，作出拘留决定书，由司法警察将被拘留人送交当地公安机关看管。

【条文主旨】

本条是关于民事诉讼法第一百一十条至第一百一十四条拘留适用程序的规定。本条沿用了《92 年意见》第 114 条的规定，并根据民事诉讼法规定可以适用拘留措施的条文序号作出修改。

【条文理解】

拘留是指人民法院对妨害民事诉讼情节严重的行为人予以强行关押，在一定的期限内限制其人身自由的一种强制措施，也是对妨害民事诉讼行为人采取的一种最严厉的强制措施。民事诉讼法第一百一十六条第一款规定，采取拘留措施必须经院长批准，但对于拘留的程序，没有作出规定。《92 年意见》第 114 条规定："人民法院依照民事诉讼法第一百零一条、第一百零二条的规定，需要对诉讼参与人和其他人采取拘留措施的，应经院长批准，作出拘留决定书，由司法警察将被拘留人送交当地公安机关看管。"本条依据民事诉讼法可以适用拘留措施的条文，对《92 年意见》上述规定的条文序号作出修改，同时对个别文字表述进行了修改。按照本条的规定，采取拘留措施除了必须经院长批准外，还应制作拘留决定书。执行拘留，应由司法警察进行，执行拘留的地点应当是当地公安机关。

【审判实践中应注意的问题】

拘留作为最严厉的妨害民事诉讼强制措施，对其适用要慎之又慎，并应依法进行。民事诉讼法第一百一十五条第二款规定，拘留的期限为十五日以下，因此在适用拘留措施时，要根据妨害民事诉讼行为人实施的妨害民事诉讼行为的性质、情节等因素合理确定拘留期限，并应在拘留决定书中写明采取拘留措施的具体理由和法律依据。

第一百七十九条［修改］

被拘留人不在本辖区的，作出拘留决定的人民法院应当派员到被拘留人所在地的人民法院，请该院协助执行，受委托的人民法院应当及时派员协助执行。被拘留人申请复议或者在拘留期间承认并改正错误，需要提前解除拘留的，受委托人民法院应当向委托人民法院转达或者提出建议，由委托人民法院审查决定。

【条文主旨】

本条是关于异地拘留执行程序的规定。本条沿用《92 年意见》第 115 条，并对个别文字作出修改。

【条文理解】

拘留是限制人身自由的强制措施，人民法院作为国家机关行使对人身实施强制措施的权力，一般应限制在本辖区范围内；而司法实践中，有些被拘留人的住所地或者经常居住地并不在作出拘留决定的人民法院辖区内，此时采取拘留措施，就要由作出拘留决定的人民法院派员到被拘留人所在地的人民法院，请该院协助执行。由于被拘留人被关押在所在地公安机关，因此当其对拘留决定申请复议，或者在拘留期间承认并改正错误，需要提前解除拘留的，受委托人民法院即应转达给委托人民法院。受委托人民法院对是否可以提前解除拘留有建议权，但无决定权，只有委托人民法院才有权决定能否提前解除拘留。

在文字上，本条将《92 年意见》第 115 条的人民法院或者受委托人民法院“应”如何的表述，修改为“应当”。

【审判实践中应注意的问题】

审判实践中，作出拘留决定的人民法院在遇到需要异地采取拘留措施的情形时，不能将被拘留人带离其所在地执行拘留，而要严格按照本条的规定办理委托执行手续，受委托人民法院也应当积极予以协助和配合，不能推诿或者拖延办理。

第一百八十条［新增］

人民法院对被拘留人采取拘留措施后，应当在二十四小时内通知其家属；确实无法按时通知或者通知不到的，应当记录在案。

【条文主旨】

本条是关于采取拘留措施后有关通知家属程序的规定。本条是新增加的条文。

【条文理解】

拘留作为最严厉的一种强制措施，涉及公民的人身自由和民主权利。按照民事诉讼法第一百一十五条第二款的规定，拘留的期限最长可达十五日。在拘留期间，由于被拘留人没有人身自由，无法告知家属自己的去向，而亲友之间知晓彼此的安危是公民一项基本的人身权利，此时对于作出拘留决定的人民法院而言，即有义务通知其家属，使其家属知晓其被拘留的原因和处所等情况，尽快消除其家属因亲友“下落不明”而产生的不必要的惊恐和焦虑，这也是被拘留人能够与外界保持联络，并及时就有关事项进行咨询、委托以及其家属能够就其被限制人身自由的事实及时作出相应的安排，包括申请会见、受其委托提出复议等的保障措施。

采取限制人身自由强制措施后应及时通知其家属，是国际社会的通行做法。2006 年联合国《保护所有人免遭强迫失踪国家公约》等国际性法律文件，均将通知程序作为一项原则性规定，并将其作为保障人权和公民基本自由的一项重要制度。我国目前在刑事拘留和行政拘留执行程序中，均有通知被拘留人家属的规定。刑事诉讼法第八十三条第二款规定，除无法通知或者涉嫌危害国家安全犯罪、恐怖活动犯罪通知可能有碍侦查的情形以外，应当在拘留后二十四小时以内，通知被拘留人的家属。有碍侦查的情形消失以后，应当立即通知被拘留人的家属。治安管理处罚法第九十七条规定，决定给予行政拘留处罚的，应当及时通知被处罚人的家属。本条参考了刑事诉讼法有关通知时间的规定，将通知被拘留人家属的时间规定为二十四小时内。

此外，考虑到会有无法通知或者超过二十四小时通知到被拘留人家属的情况，比如被拘留人拒绝提供其家属的联系方式，需要人民法院通过其他途径查找；或者虽然被拘留人提供了其家属的联系方式，但人民法院无法及时联系上其家属等。本条规定对此种情况人民法院应记录在案备查。需要明确的是，此种情况应当属于极其例外的情形，因此当发生此类特殊情况时，人民法院必须要详细记录不能通知或者通知不到的原因，而不能以此规定来规避履行通知义务，侵害被拘留人的权益。

【审判实践中应注意的问题】

本条是保障被拘留人及其家属人身权利的一项重要程序规定，人民法院在采取拘留措施时必须不折不扣地予以执行，并将通知情况详细记录在案，以充分发挥该通知程序在尊重和保障人权中的作用。

第一百八十一条［保留］

因哄闹、冲击法庭，用暴力、威胁等方法抗拒执行公务等紧急情况，必须立即采取拘留措施的，可在拘留后，立即报告院长补办批准手续。院长认为拘留不当的，应当解除拘留。

【条文主旨】

本条是关于紧急情况下采取拘留措施的程序规定。本条沿用《92 年意见》第 116 条的规定。

【条文理解】

按照民事诉讼法的规定，采取拘留措施的程序是由合议庭或独任审判员提出意见，报人民法院院长批准决定。而司法实践中存在一些紧急情况，如果按照上述程序执行必然会延误时机，不利于及时制止妨害民事诉讼的行为，甚至导致事态扩大或者产生无法挽回的后果，因此有必要赋予在场的审判人员或者执行人员一项紧急情况下采取拘留措施的权力。但在采取拘留措施后，必须要立即报告院长并按照民事诉讼法的规定补办批准手续。如果院长在批准过程中认为不应采取拘留措施的，应当即刻解除拘留。

【审判实践中应注意的问题】

本条属于紧急情况下采取拘留措施的程序规定，由于将审批程序置后，故对其适用应严格控制在本条规定的哄闹、冲击法庭，用暴力、威胁等方法抗拒执行公务等紧急情况，不能滥用或者扩大适用；且在发现采取拘留措施不当时，要及时纠错，以充分维护被拘留人的人身权利。

第一百八十二条［保留］

被拘留人在拘留期间认错悔改的，可以责令其具结悔过，提前解除拘留。提前解除拘留，应报经院长批准，并作出提前解除拘留决定书，交负责看管的公安机关执行。

【条文主旨】

本条是关于提前解除拘留的适用条件和程序的规定。本条沿用《92 年意见》第 117 条的规定。

【条文理解】

拘留作为限制人身自由的强制措施，是妨害民事诉讼强制措施中最为严厉的一项措施，其适用目的是保障审判和执行工作的顺利进行。因此，在被拘留人认错悔改的情况下，可以提前解除拘留。在提前解除拘留前，可以责令被拘留人具结悔过。提前解除拘留应在报经院长批准后，作出提前解除拘留决定书，并交负责看管的公安机关执行。

【审判实践中应注意的问题】

提前解除拘留的适用前提是被拘留人认错悔改，如果被拘留人不认错悔改就不能提前解除拘留，否则将破坏拘留措施适用的严肃性，损害司法权威。同时，提前解除拘留的时间也应根据被拘留人认错悔改的具体表现以及案件的具体情况等确定，不能使拘留措施流于形式。

第一百八十三条［修改］

民事诉讼法第一百一十条至第一百一十三条规定的罚款、拘留可以单独适用，也可以合并适用。

【条文主旨】

本条是关于对同一妨害民事诉讼的行为可否合并适用罚款、拘留的规定。本条沿用《92 年意见》第 118 条的规定，并根据民事诉讼法对相应条文序号作出补充和修改。

【条文理解】

罚款是对妨害民事诉讼行为人的一种经济制裁措施，其适用对象既可以是个人，也可以是单位。拘留是限制妨害民事诉讼行为人人身自由的强制措施，也是最严厉的一种强制措施。对实施同一妨害民事诉讼行为的诉讼参与人或者其他人，既可以单独适用罚款、拘留措施，也可以合并适用，但如何适用应视具体情况确定。

【审判实践中应注意的问题】

罚款、拘留均是对实施严重妨害民事诉讼行为人采取的惩罚措施，因此只有在单独适用一种惩罚措施不足以制裁违法行为的情况下，才可以合并适用，以保障审判和执行工作的顺利进行。

第一百八十四条［修改］

对同一妨害民事诉讼行为的罚款、拘留不得连续适用。发生新的妨害民事诉讼行为的，人民法院可以重新予以罚款、拘留。

【条文主旨】

本条是关于对同一妨害民事诉讼行为限制重复适用罚款、拘留的规定。本条沿用《92 年意见》第 119 条的规定，并对个别文字作出修改。

【条文理解】

诉讼参与人或者其他人实施一次妨害民事诉讼的行为，只应受到一次处罚，因此对于同一妨害民事诉讼行为的罚款、拘留不得连续适用。但如果被罚款、拘留人在实施这次妨害民事诉讼行为后，又实施了新的妨害民事诉讼行为的，则不属于本条规定的情形，人民法院可以根据妨害民事诉讼强制措施的有关规定重新对其予以罚款、拘留。

本条在文字上将《92 年意见》第 119 条“但发生了新的妨害民事诉讼的行为”，修改为“发生新的妨害民事诉讼行为的”。

【审判实践中应注意的问题】

审判实践中，特别是在执行程序中要防止以拘代执，对于不履行执行义务的被执行人连续适用拘留措施有悖于本条规定的精神。如果被执行人有履行能力而拒不履行执行义务，在人民法院采取罚款、拘留等强制措施后依然拒不履行，构成犯罪的，人民法院应依法追究其刑事责任。

第一百八十五条［修改］

被罚款、拘留的人不服罚款、拘留决定申请复议的，应当自收到决定书之日起三日内提出。上级人民法院应当在收到复议申请后五日内作出决定，并将复议结果通知下级人民法院和当事人。

【条文主旨】

本条是关于罚款、拘留复议程序的规定。本条沿用《92 年意见》第 121 条，并根据《最高人民法院关于对因妨害民事诉讼被罚款拘留的人不服决定申请复议的期间如何确定问题的批复》，增加规定了被罚款、拘留人申请复议的期限，同时对个别文字作出修改。

【条文理解】

民事诉讼法第一百一十六条第三款规定，被罚款、拘留人对罚款、拘留决定不服的，可以向上一级人民法院申请复议一次。《92 年意见》第 121 条规定："被罚款、拘留的人不服罚款、拘留决定申请复议的，上级人民法院应在收到复议申请后五日内作出决定，并将复议结果通知下级人民法院和当事人。"对于当事人申请复议的期限以及如何申请复议的规定，体现在《最高人民法院关于对因妨害民事诉讼被罚款拘留的人不服决定申请复议的期间如何确定问题的批复》（〈93〉法民字第 7 号）中，最高人民法院在该批复中答复："不服人民法院作出的罚款、拘留决定的人，可在接到决定书之次日起三日内，向作出决定的人民法院提出书面申请，要求上一级人民法院复议，或直接向上一级人民法院申请复议。对提出书面申请有困难的，可以口头申请。当事人的口头申请，应当记入笔录，由当事人签名或者盖章。"本条在《92 年意见》第 121 条规定的基础上，吸纳了上述批复关于被罚款、拘留人申请复议期限的规定，但将上述批复中接到决定书"之次日起"修改为"之日起"，因为按照民事诉讼法第八十二条的规定，期间开始的时和日不计算在期间内，所以用"之日起"的表述既符合民事诉讼法的规定，也不会产生歧义，用"之次日起"的表述与民事诉讼法的表述不一致，在理解上会产生歧义。

被罚款、拘留人对人民法院作出的罚款、拘留决定不服申请复议，应递交复议申请书，上级人民法院在收到复议申请后，应当在五日内作出决定，确定下级人民法院采取的强制措施是否正确，并应将复议结果通知下级人民法院和申请复议的被罚款、拘留人。

【审判实践中应注意的问题】

民事诉讼法第一百一十六条第三款规定对罚款、拘留强制措施可以申请复议，是为了保障罚款、拘留措施的依法适用，以维护被罚款、拘留人的合法权益。由于复议期间不停止罚款、拘留措施的执行，因此上级人民法院在对罚款、拘留复议申请进行复议时，要依法及时进行，确保及时有效纠正不当的强制措施。

第一百八十六条［修改］

上级人民法院复议时认为强制措施不当的，应当制作决定书，撤销或者变更下级人民法院作出的拘留、罚款决定。情况紧急的，可以在口头通知后三日内发出决定书。

【条文主旨】

本条是关于上级人民法院变更或者撤销下级人民法院作出的罚款、拘留决定的程序规定。本条沿用《92 年意见》第 122 条，并对个别文字作出修改。

【条文理解】

按照本条的规定，上级人民法院经复议认为下级人民法院作出的罚款、拘留决定不当的，应当以决定书的形式撤销或者变更下级人民法院的决定。但如果情况紧急，比如需要立即解除拘留措施的，可以先口头通知下级人民法院改变错误决定，然后再在三日内发出决定书，其目的是及时停止对申请复议的被罚款、拘留人的不当强制措施，使其免受不当强制措施的继续侵害。

本条在文字上将《92 年意见》第 122 条的“认为强制措施不当”，修改为“认为强制措施不当的”；将“撤销或变更下级人民法院作出的拘留、罚款决定”，修改为“撤销或者变更下级人民法院作出的拘留、罚款决定”。

【审判实践中应注意的问题】

上级人民法院撤销或者变更下级人民法院作出的拘留、罚款决定，应当依法制作决定书，写明撤销或者变更的理由，并及时通知下级人民法院和当事人，只有在情况紧急这一特殊情况下，才能先通知而后再作出书面决定。

第一百八十七条［新增］

民事诉讼法第一百一十一条第一款第五项规定的以暴力、威胁或者其他方法阻碍司法工作人员执行职务的行为，包括：

（一）在人民法院哄闹、滞留，不听从司法工作人员劝阻的；

（二）故意毁损、抢夺人民法院法律文书、查封标志的；

（三）哄闹、冲击执行公务现场，围困、扣押执行或者协助执行公务人员的；

（四）毁损、抢夺、扣留案件材料、执行公务车辆、其他执行公务器械、执行公务人员服装和执行公务证件的；

（五）以暴力、威胁或者其他方法阻碍司法工作人员查询、查封、扣押、冻结、划拨、拍卖、变卖财产的；

（六）以暴力、威胁或者其他方法阻碍司法工作人员执行职务的其他行为。

【条文主旨】

本条是关于民事诉讼法第一百一十一条第一款第五项“以暴力、威胁或者其他方法阻碍司法工作人员执行职务”的具体情形的规定。本条是新增加的条文。

【条文理解】

民事诉讼法第一百一十一条对司法实践中多发的伪造、毁灭重要证据、妨害作证、非法处置人民法院保全的财产、对司法工作人员等进行侮辱、诽谤、诬陷、殴打或者打击报复、拒不履行生效判决裁定等妨害民事诉讼行为规定了相应的制裁措施，以维护正常的诉讼秩序，保障诉讼活动顺利进行。其中，第一款第五项规定，诉讼参与人或者其他人以暴力、威胁或者其他方法阻碍司法工作人员执行职务的，人民法院可以根据情节轻重予以罚款、拘留；构成犯罪的，依法追究刑事责任。

司法实践中，以暴力、威胁等方法阻碍司法工作人员执行职务的行为表现多种多样，成为妨害审判和执行工作顺利进行的多发行为。特别是近年来，一些暴力抗法事件常常见诸报端，极大损害了司法权威，因此有必要对一些主要的妨害司法工作人员执行职务的行为加以明确解释和规范，便于在司法实践中遵照适用，以加大打击和制裁力度，维护审判和执行工作秩序。最高人民法院在《执行规定》第一百条中，对执行程序中的一些妨害执行的行为规定了制裁措施，其中包括“故意撕毁人民法院执行公告、封条的”“哄闹、冲击执行现场的”“毁损、抢夺执行案件材料、执行公务车辆、其他执行器械、执行人员服装和执行公务证件的”。在司法解释调研论证过程中，有地方法院反映，一些当事人法律意识淡薄，为对抗诉讼或发泄不满，公然当场撕毁人民法院向其送达的起诉状、传票、判决、裁定等司法文书，还有的当庭撕毁庭审笔录等，严重影响了审判工作的顺利进行，有必要在司法解释中规定对此种行为的制裁措施。还有在保全、现场勘验或执行程序中，审判人员或者执行人员在保全、勘验、执行现场遭到当事人、被执行人或者其他人的围困、扣押，致使相应的保全、勘验等工作无法正常进行，对这样的行为，也应予以打击和制裁。本条在起草过程中参考了《执行规定》的上述内容，并针对司法实践中存在的情况，将审判阶段的一些妨害司法工作人员执行职务的行为以及《执行规定》中没有列举的围困、扣押执行人员的行为等一并作出规定，使本条第二、三、四项的规定涵盖了整个诉讼过程。

在司法解释调研论证中，反映比较多的是一些诉讼参与人或者其他人在人民法院开庭前后与对方当事人等互相吵闹、谩骂，也有的在人民法院哄闹、滞留不走，甚至冲击人民法院办公场所，又不听从司法工作人员的劝阻，妨害了案件的正常审理，影响了人民法院的正常工作秩序，《92 年意见》对该类行为如何处理没有明确规定，不利于制止和制裁此类行为，建议在司法解释修改过程中明确对此类行为的制裁依据。为此，本条在第一项中对此类行为作出了明确规定。在适用该项规定时需注意，如果诉讼参与人或者其他人在人民法院开庭审理过程中实施了相互谩骂、攻击等行为，人民法院对其进行处理和制裁，就不能适用本项的规定，而应适用民事诉讼法第一百一十条有关违反法庭规则的强制措施。此外，“不听从司法工作人员劝阻”是适用本项规定的一个必要条件，如果诉讼参与人或者其他人虽然实施了相互谩骂、攻击、哄闹等行为，但只要司法工作人员出来制止后，立即听从司法工作人员劝阻的，也不能适用本项规定。

《92 年意见》在第 124 条第 2 项中规定有关单位存在“以暴力、威胁或者其他方法阻碍司法工作人员查询、冻结、划拨银行存款”行为的，人民法院可以依照民事诉讼法第一百零二条（现为第一百一十一条）的规定处理。本条第五项吸收了该项规定的内容，并根据实践的发展变化作出如下修改：一是将“银行存款”修改为“财产”。因为经过二十多年的发展，我国经济社会生活发生了重大变化，证券公司、基金公司等非银行金融机构得到了大发展，民事主体掌握的金融资产从以单一的存款为主，逐步发展到债券、股票、基金份额等多种形式并存的局面。2012 年民事诉讼法在第二百四十二条第一款中，增加规定了人民法院有权向有关单位查询被执行人的债券、股票、基金份额等财产情况，因此《92 年意见》的该项规定，已不能涵盖目前的财产形态，有必要对其作出修改。因存款、股票、基金均是财产的下位概念，故作出上述修改。二是增加了“查封、扣押、拍卖、变卖”这四项财产保全或执行措施。三是将“有关单位”修改为“诉讼参与人或者其他人”，因为有些财产不一定由有关单位掌管，个人也可以拥有或者掌控。

理解本条内容需注意以下几点：第一，本条的“司法工作人员”包括审判人员、执行人员、书记员、司法警察等。第二，构成第二项的毁损、抢夺人民法院法律文书、查封标志的行为，必须在主观上是故意的，如果不是故意而为之，则不属于本项规定的情形。第三，第三项的“执行公务现场”，是指保全财产或者证据的现场、勘验现场、执行现场等。“协助执行公务的人员”，是指协助人民法院进行证据保全、现场勘验、现场执行等的人员，比如人民法院聘请的参与现场勘验的技术人员等。

【审判实践中应注意的问题】

第一，妨害民事诉讼强制措施针对的必须是从起诉到执行程序终结这一诉讼期间实施的行为，因此如果诉讼参与人或者其他人在案件已经审理或者已执行完毕后的上访等过程中在人民法院哄闹、滞留等，就不能作为妨害民事诉讼行为适用本条规定进行处理，而应按照有关法律的规定，交由有关部门处理。比如，对扰乱人民法院工作秩序的，可依照治安管理处罚法的规定，交由公安机关对其进行处理，如果构成犯罪的，可由公安机关立案侦查，依法追究其刑事责任。

第二，司法实践中，以暴力、威胁或者其他方法阻碍司法工作人员执行职务的情形不仅限于本条第一至五项规定的情形，对于诉讼参与人或者其他人实施的不属于本条第一至五项规定的阻碍司法工作人员执行职务行为的，人民法院可以适用本条第六项的规定进行处理。

第三，本条所规定的行为均是在司法工作人员执行职务时直接施加于司法工作人员的妨害民事诉讼行为，如果不是在司法工作人员执行职务时所实施的行为，即使采取了暴力、威胁等方法，也不适用本条的规定，而应适用民事诉讼法和本解释其他条款的规定对行为人进行处理。比如，当事人在法庭审理中对审判人员进行威胁、殴打的，就应适用民事诉讼法第一百一十条妨害法庭秩序的规定对其进行处理；如果当事人在法庭审理结束后离开法院前对审判人员进行威胁、殴打的，即应适用民事诉讼法第一百一十一条第四项对司法工作人员进行侮辱、诽谤、诬陷、殴打或者打击报复的规定对其进行处理。

第一百八十八条［修改］

民事诉讼法第一百一十一条第一款第六项规定的拒不履行人民法院已经发生法律效力的判决、裁定的行为，包括：

（一）在法律文书发生法律效力后隐藏、转移、变卖、毁损财产或者无偿转让财产、以明显不合理的价格交易财产、放弃到期债权、无偿为他人提供担保等，致使人民法院无法执行的；

（二）隐藏、转移、毁损或者未经人民法院允许处分已向人民法院提供担保的财产的；

（三）违反人民法院限制高消费令进行消费的；

（四）有履行能力而拒不按照人民法院执行通知履行生效法律文书确定的义务的；

（五）有义务协助执行的个人接到人民法院协助执行通知书后，拒不协助执行的。

【条文主旨】

本条是关于民事诉讼法第一百一十一条第一款第六项“拒不履行人民法院已经发生法律效力的判决、裁定”具体情形的规定。本条沿用《92年意见》第123条，并根据有关法律和司法解释的规定以及司法实践的发展变化作出修改。

【条文理解】

1. 对本条作出修改的原因

民事诉讼法第一百一十一条第一款第六项规定了对拒不履行人民法院已经发生法律效力的判决、裁定行为的强制措施。《92 年意见》第 123 条规定："当事人有下列情形之一的，可以依照民事诉讼法第一百零二条第一款第六项的规定处理：(1) 在法律文书发生法律效力后隐藏、转移、变卖、毁损财产，造成人民法院无法执行的；(2) 以暴力、威胁或者其他方法妨碍或抗拒人民法院执行的；(3) 有履行能力而拒不执行人民法院发生法律效力的判决书、裁定书、调解书和支付令的。"本条将《92 年意见》第 123 条第 1、3 项进行修改后作为第一、四项，删除了《92 年意见》第 2 项，新增了第二、三、五项的内容。作出上述修改的考虑是：

(1)《刑法第三百一十三条解释》对有能力执行而拒不执行判决、裁定情节严重的具体表现作出的立法解释是：①被执行人隐藏、转移、故意毁损财产或者无偿转让财产、以明显不合理的低价转让财产，致使判决、裁定无法执行的；②担保人或者被执行人隐藏、转移、故意毁损或者转让已向人民法院提供担保的财产，致使判决、裁定无法执行的；③协助执行义务人接到人民法院协助执行通知书后，拒不协助执行，致使判决、裁定无法执行的；④被执行人、担保人、协助执行义务人与国家机关工作人员通谋，利用国家机关工作人员的职权妨害执行，致使判决、裁定无法执行的；⑤其他有能力执行而拒不执行，情节严重的情形。《最高人民法院、最高人民检察院与公安部关于依法严肃查处拒不执行判决裁定和暴力抗拒法院执行犯罪行为有关问题的通知》在上述立法解释的基础上，将拒不执行判决、裁定罪和妨害公务罪进行了区分，明确了两罪在犯罪客观方面的区别。《92 年意见》第 123 条第 2 项规定的"以暴力、威胁或者其他方法妨碍或抗拒人民法院执行的"这一情形，按照上述通知规定，应属于妨害公务的行为，不再属于拒不执行判决、裁定的行为。因此，本条将这一情形分离出来，规定在本解释第一百八十七条第六项中，即属于民事诉讼法第一百一十一条第五项规定的以暴力、威胁或者其他方法阻碍司法工作人员执行职务的行为。

(2) 参考《刑法第三百一十三条解释》第一项的规定，同时考虑到实践中存在的以规避执行为目的的转移财产的情形，将《92 年意见》第 123 条第 1 项修改为本条第一项的内容，即增加规定了无偿转让财产、以明显不合理的价格交易财产、放弃到期债权、无偿为他人提供担保等旨在恶意降低履行能力、规避执行等的情形。该项规定中在所列举的转移财产、降低履行能力行为之后加入的“等”字系“等外”，旨在解决当事人和其他人存在的除本项列举的行为之外的逃避履行执行义务行为的法律适用问题，为处理实践中存在的各色各样的拒不履行判决、裁定的行为预留空间。

（3）《92 年意见》没有对被执行人或其他人隐藏、转移、毁损或者转让已向人民法院提供担保的财产，影响人民法院执行的情形作出规定。《刑法第三百一十三条解释》第二项将因此类行为造成人民法院无法执行的情形，规定为拒不执行判决、裁定罪的情形之一；《执行规定》第一百条第一项规定，被执行人或其他人隐藏、转移、变卖、毁损向人民法院提供执行担保的财产的，人民法院可以依照民事诉讼法第一百零二条（现为第一百一十一条）的规定处理。民事诉讼法第一百一十一条第二款规定，被执行人或者其他人拒不履行人民法院已经发生法律效力的判决、裁定的行为构成犯罪的，要依法追究刑事责任，考虑到该条文与刑法第三百一十三条规定的衔接问题，本条参考上述规定，增加了第二项规定的情形。

（4）《限制被执行人高消费规定》第十一条第一款规定：“被执行人违反限制高消费令进行消费的行为属于拒不履行人民法院已经发生法律效力的判决、裁定的行为，经查证属实的，依照《中华人民共和国民事诉讼法》第一百零二条的规定，予以拘留、罚款；情节严重，构成犯罪的，追究其刑事责任。”鉴于被执行人在没有按照执行通知的规定履行法律文书确定的义务，并在人民法院向其发出限制高消费令的情况下依然进行高消费，明显属于拒不履行人民法院已经发生法律效力的判决、裁定的行为，故本条吸纳了上述司法解释的内容，将其规定在第三项中。

（5）对民事诉讼法第一百一十一条第一款第六项规定的判决、裁定的范围应如何界定，是司法解释调研中反映较多的一个问题。实践中，作为人民法院执行依据的不仅有人民法院自己作出的判决书、裁定书、调解书、支付令，还有当事人依法申请人民法院执行的仲裁裁决、公证债权文书等。依照民事诉讼法第三编有关执行程序的规定，人民法院在接到申请执行书后，应当向被执行人发出执行通知，被执行人要按照执行通知的规定履行法律文书确定的义务，也即人民法院在执行各类生效文书，包括仲裁裁决、公证债权文书等时，首先要向被执行人发出执行通知，被执行人有履行能力却未按执行通知规定履行法律文书确定的义务的，即属于拒不履行的行为。为此，本条按照2012年民事诉讼法关于执行程序的规定，在第四项中将“有履行能力而拒不按照人民法院执行通知履行生效法律文书确定的义务”的行为，列为属于拒不履行已经发生法律效力的判决、裁定的行为。

（6）有义务协助调查、执行的个人不协助调查、执行的问题，也是司法解释调研中反映较多的问题，对此行为的处理民事诉讼法没有作出明确规定，该法第一百一十四条是关于单位协助调查、执行的规定。对个人不协助执行的问题，《刑法第三百一十三条解释》在第二项中作出了规定，按照该项规定，协助执行义务人接到人民法院协助执行通知书后，拒不协助执行，致使判决、裁定无法执行的，应以拒不执行判决、裁定罪论处。《制裁规避执行行为意见》第十五条规定，协助执行义务人拒不协助执行或者妨碍执行，给申请执行人造成损失的，应当依法对其予以罚款、拘留。考虑到与刑法第三百一十三条的衔接问题，并参考《制裁规避执行行为意见》第十五条的规定，本条在第五项中规定了个人拒不协助执行的情形。对于实践中存在的个人不协助调查的问题，本解释没有作出规定，因为2012年民事诉讼法第一百一十四条只对单位不协助调查规定了强制措施，不涉及个人不协助调查的问题，刑法也没有将个人不协助调查纳入有关的条文中。但如果个人不履行协助调查义务，涉嫌以暴力、威胁等方法阻碍司法工作人员执行职务的，则可依照民事诉讼法第一百一十一条第一款第五项的规定进行处理。

2. 理解本条应注意的问题

（1）本条的适用对象不仅包括被执行人，而且包括其他人，比如被执行人的亲属、朋友、有义务协助执行的人等。

（2）被执行人或者其他人构成本条第一项所述情形必须同时具备以下三个条件：一是必须在法律文书发生法律效力后。二是必须存在隐藏、转移、变卖、毁损财产或者无偿转让财产、以明显不合理的价格交易财产、放弃到期债权、无偿为他人提供担保等行为。其中，“以明显不合理的价格交易财产”是指交易财产的价格与市场价格相比过高或者过低，不在市场价格浮动的合理范围内。三是必须存在导致人民法院无法执行的后果。比如，将应给付给申请执行人的特定物毁损、变卖的；因放弃到期债权导致其履行能力降低，无法履行法律文书确定的义务的。如果被执行人放弃到期债权并不影响其履行法律文书确定的义务的，则不属于本项规定的情形。

（3）第二项的“未经人民法院允许处分已向人民法院提供担保的财产的”，是指该处分行为没有经过人民法院允许，如果被执行人或者其他人处分担保财产是经过人民法院允许的，则不属于该项规定的情形。

（4）构成第四项拒不履行生效法律文书确定义务行为的前提，必须是被执行人有履行能力而拒不履行；被执行人因确无履行能力而未履行，则不属于本项规定的情形。

（5）第五项的拒不协助执行，是指有义务协助执行的个人在接到人民法院协助执行通知书后，以种种理由拒不协助执行的。属于该种情形的个人，必须是有义务协助执行的人。这里的协助执行既包括交出有关财物、证件，也包括协助为一定的行为等。

【审判实践中应注意的问题】

拒不履行人民法院发生法律效力的判决、裁定的行为不仅使权利人的合法利益不能及时兑现，也影响了生效裁判的权威性和执行力，因此依法制裁此类行为是确保执行工作顺利进行的重要保障。司法实践中，适用该条对妨害民事诉讼行为人采取强制措施时，要注意：第一，采取的强制措施应与妨害民事诉讼行为的情节轻重相适应，情节较轻的可以罚款；情节较重的可以拘留；构成犯罪的，应依法追究其刑事责任，以充分发挥强制措施的作用。第二，对同一拒不履行判决、裁定的行为，不能重复适用罚款、拘留措施，更不能以拘代执。第三，如果单位实施拒不履行判决、裁定行为的，人民法院可以对其主要负责人或者直接责任人予以罚款、拘留；构成犯罪的，依法追究其刑事责任。

[最新立法司法动态]

财政行政许可实施办法（征求意见稿）

（2017 年 9 月 1 日）

第一章 总 则

第一条 为了规范财政部门实施行政许可，加强对审批运行过程的监督，保护公民、法人和其他组织的合法权益，根据《中华人民共和国行政许可法》等国家有关规定，制定本办法。

第二条 县级以上人民政府财政部门（以下简称财政部门）实施行政许可，适用本办法。

本办法所称财政行政许可，是指财政部门根据公民、法人或者其他组织（以下简称申请人）的申请，经依法审查，准予其从事特定活动的行为。

第三条 财政行政许可事项实行清单管理制度。财政部门按照法定的权限、范围、条件和程序，以本部门的名义统一实施行政许可，不得在清单外变相实施行政许可。

财政行政许可事项依法增减或者变更要素的，财政部门应当按照程序及时调整清单，并向社会公开。

第四条 实施财政行政许可，应当按照标准化要求，遵循公开、公平、公正和便民的原则，提高办事效率，提供优质服务。

第五条 财政行政许可事项由财政部门业务主管机构（以下统称审批机构）负责具体实施。

审批机构应当履行下列职责：

（一）受理、审查行政许可申请；

（二）作出、送达行政许可决定；

（三）提供业务咨询服务；

（四）根据标准化要求制定审查工作细则和服务指南；

（五）做好信息统计、信息公开，以及档案管理工作；

（六）法律、法规规定的其他职责。

第六条 审批机构应当将有关财政行政许可的事项、审批依据、申请条件、办理流程、办结期限以及需要申请人提交的全部材料目录和申请材料示范文本等，在本部门受理窗口和门户网站上公示。

审批机构不得要求申请人提供与其申请的行政许可事项无直接关系的技术资料和其他材料。能够通过与其他行政许可实施机关信息共享获取相关信息的，可不再要求申请人提交。

第二章 受理和审批流程

第七条 申请人需要取得财政行政许可的，可以通过当面送达、信函、传真等方式，依法向财政部门提出申请，提交有关材料，并对其申请材料实质内容的真实性负责。

第八条 财政行政许可实行统一窗口受理。财政部设立行政审批服务大厅，作为统一接收行政许可申请的对外窗口。地方财政部门可以根据具体审批事项特点确定接收行政许可申请的统一窗口。

财政部门应当加强信息化建设，实行网上集中预受理和预审查，逐步推进网上全过程审批。

第九条 财政部门应当明确受理窗口职责，建立健全首问责任、服务承诺、顶岗补位等制度，为申请人提供优质文明服务。

第十条 受理窗口接收申请，根据下列情况分别作出处理：

（一）申请事项依法不需要取得行政许可的，应当即时出具《财政行政许可申请不予受理决定书》，告知申请人不受理；

（二）申请事项依法不属于财政部门职权范围的，应当即时作出不予受理的决定，并向申请人出具《财政行政许可申请不予受理决定书》，同时告知申请人向有关行政机关申请；

（三）申请事项属于财政部门职权范围的，应当收清材料，即时送审批机构处理。

第十一条 审批机构对于受理窗口转送的申请事项，根据下列情况分别作出处理：

（一）申请材料不齐全或者不符合法定形式的，应当当场或者在5日内向申请人出具《财政行政许可申请补正通知书》，一次性告知申请人需要补正的全部内容，逾期不告知的，自收到申请材料之日起即为受理；

（二）申请事项属于财政部门职权范围，申请材料齐全、符合法定形式，或者申请人按照要求提交全部补正申请材料的，应当当场或者签收材料之日内予以受理，出具《财政行政许可申请受理单》。

第十二条 财政部门不能当场作出补正材料通知书、受理或者不予受理决定的，收到申请人申请材料后，应当向申请人出具收文回执和列明材料名称的清单。

第十三条 本办法第十条、第十一条所列法律文书，应当加盖财政行政许可专用印章，并注明日期。

第十四条 审批机构受理申请后，应当按照程序和要求对申请材料进行审查。

审批机构履行审查职责，应当定岗定责，建立权力运行制约机制，细化流程，明确各审查环节的要求和时限、各级审查人责任，以及不当审查行为需要承担的后果等，减少自由裁量权。

第十五条 审查一般采取书面审查方式，至少由2名经办人共同办理。涉及其他部门业务的，应当充分征求意见。需要对申请材料的实质内容进行核实的，审批机构应当依法依规进行核查。

经办人提出许可决定建议后，报本部门分管领导决定；属于重大行政审批事项的，报由本部门领导集体决策。

第十六条 对于依法需要听证、招标、检测、鉴定、专家评审等的许可事项，审批机构应在《财政行政许可申请受理单》上注明有关程序和所需时限，所需时间不计算在行政许可法定的时限内。

法律法规未明确需要听证、招标、检测、鉴定、专家评审等的许可事项，审批机构在审查中认为有必要履行上述程序的，所需时间应计算在行政许可法定的时限内。

第十七条 实施行政许可依法应当听证的事项，或者审批机构认为需要听证的其他涉及公共利益的重大事项，审批机构应当向本部门法制机构提出听证申请，并向社会公告。

行政许可直接涉及申请人与他人之间重大利益关系的，审批机构在作出行政许可决定前，应当书面告知申请人、利害关系人享有要求听证的权利。

第十八条 听证程序及期限按照《中华人民共和国行政许可法》第四十七条、第四十八条，以及《财政机关实施行政许可听证办法》的规定执行。

第十九条 申请人的申请符合法定条件、标准的，审批机构应当在法定时限内作出准予行政许可的书面决定。需要向申请人颁发行政许可证件的，应当自作出决定之日起10日内向申请人颁发、送达加盖本部门印章的许可证件。

作出的准予行政许可决定，除涉及国家秘密、商业秘密、个人隐私的外，应当在财政部门门户网站予以公开，允许公众查阅。

第二十条 审批机构依法作出不予行政许可的书面决定的，应当说明理由，并告知申请人享有依法申请行政复议或者提起行政诉讼的权利。

第二十一条 审批机构作出决定后，应当告知申请人前往受理窗口领取有关书面凭证。申请人无法现场领取的，审批机构可以邮寄送达。

第二十二条 审批机构应当规范行政许可事项档案管理工作，做好收集、立卷、保管、利用等工作。

档案保存时间按照国家有关规定执行。

第二十三条 财政部门实施财政行政许可，依照法律、行政法规收取费用的，应当按照公布的法定项目和标准收费；法律、行政法规没有规定的，不得收取任何费用。

第三章 评价和监督检查

第二十四条 财政部门建立行政许可实施评价体系。财政部门审批机构应当主动接受社会监督，听取公民、法人或者其他组织的意见和建议，实行申请人满意度评价反馈制度。监督机构采取定期或不定期方式对申请人满意度评价情况进行抽查回访。审批制度改革的牵头机构定期组织开展标准化自评和考核，发现问题及时整改。

第二十五条 财政部门应当建立岗位责任追究和监督检查制度，加强对财政行政许可行为的监督。

第二十六条 财政部门内设机构按照下列职责分工，实施监督检查，对发现的问题依法进行处理：

（一）审批机构负责对本单位实施行政许可的工作人员，以及参与行政许可审查工作的相关人员的监督管理；依法履行对被许可人从事行政许可事项的活动的监督职责；作出行政许可决定后，应当将许可决定抄送监督机构，配合监督机构对审批结果进行监督。

（二）监督机构结合财政内控管理工作要求建立健全内部监督机制，对行政许可事项的实施进行监督检查，重点关注受理窗口运行情况、申请人知情权落实情况、审批时限执行情况，以及违规操作及不当行为等情况；受理公民、法人或者其他组织对财政行政许可事项审查工作的投诉举报和建议。

（三）人事管理机构、纪检监察机构按照干部管理权限，对办理行政许可事项的违法违纪行为和相关责任人员进行处理，追究违纪责任。

第二十七条 财政部门应当公开举报电话号码、通信地址或者电子邮件信箱，自觉接受社会和公民的监督。

任何单位和个人发现违法从事财政行政许可事项的活动，以及财政行政许可实施机关及其工作人员在实施财政行政许可中存在违法违纪的行为，有权向财政部门举报。

第二十八条 监督机构及时登记和处理个人或组织对财政行政许可事项的投诉举报，根据调查核实结果，分别作出以下处理：

（一）举报和投诉反映的问题属实的，在结案之日起 7 日内书面告知举报人、投诉人处理结果。

（二）举报和投诉反映的问题不符合实际情况的，可以不向投诉人、举报人书面反馈处理结果；投诉人、举报人要求查阅处理结果的，可向举报人、投诉人说明有关情况。

监督机构应当及时将举报和投诉处理材料原件重新分类存档备查。

第四章 责任追究

第二十九条 有下列情形之一的，作出行政许可决定的财政部门或者其上级行政机关根据利害关系人的请求或者依据职权，可以撤销行政许可：

（一）工作人员滥用职权、玩忽职守作出准予行政许可决定的；

（二）超越法定职权作出准予行政许可决定的；

（三）违反法定程序作出准予行政许可决定的；

（四）对不具备申请资格或者不符合法定条件的申请人准予行政许可的；

（五）依法可以撤销行政许可的其他情形。

被许可人以欺骗、贿赂等不正当手段取得行政许可的，应当予以撤销。

第三十条 财政行政许可实施相关责任单位及其工作人员在实施财政行政许可、履行监管职责的过程中，存在违法实施行政许可行为，以及其他滥用职权、玩忽职守、徇私舞弊等违法违纪行为的，依据《行政许可法》及其实施条例、《公务员法》、《行政机关公务员处分条例》等国家有关规定追究有关责任人员相应责任；涉嫌犯罪的，移送司法机关处理。

第三十一条 被追究责任的单位和个人对处理决定不服的，可以按照有关规定向有关机关申请复核或者申诉。

第三十二条 财政部门违法实施财政行政许可，给当事人的合法权益造成损害的，应当依照《中华人民共和国国家赔偿法》的规定予以赔偿。

第五章 附 则

第三十三条 地方财政部门可以根据本办法制定具体实施办法。

实行相对集中审批权试点的地方不适用本办法。

第三十四条 行政许可事项中涉及国家秘密、商业秘密或者个人隐私的，按国家有关规定办理。

第三十五条 本办法规定的实施财政行政许可的期限以工作日计算，不含法定节假日。

第三十六条 本办法自2017年××月××日起施行。

私募投资基金管理暂行条例
（征求意见稿）

（2017年8月30日）

第一章　总　则

第一条 为了规范私募投资基金活动，保护投资者及相关当事人的合法权益，促进私募投资基金行业健康规范发展，制定本条例。

第二条 本条例所称私募投资基金（以下简称私募基金），是指在中华人民共和国境内，以非公开方式向合格投资者募集资金设立，由基金管理人管理，为投资者的利益进行投资活动的私募证券投资基金和私募股权投资基金。

非公开募集资金，以进行投资活动为目的设立的公司或者合伙企业，资产由基金管理人或者普通合伙人管理的，其基金管理人、基金托管人、资金募集、投资运作和信息提供适用本条例。

私募基金财产的投资包括证券及其衍生品种、有限责任公司股权、基金份额，以及国务院证券监督管理机构规定的其他投资品种。

第三条 从事私募基金业务，应当遵循自愿、公平、诚实信用原则，维护投资者合法权益，不得损害国家利益、社会公共利益或者他人合法权益。

私募基金管理人和私募基金托管人管理、运用私募基金财产，私募基金服务机构从事私募基金服务活动，应当诚实守信、谨慎勤勉。

第四条 国务院证券监督管理机构及其派出机构依照《中华人民共和国证券投资基金法》（以下简称《证券投资基金法》）和本条例的规定，对私募基金业务活动实施监督管理。

第五条 基金行业协会依照法律、行政法规以及国务院证券监督管理机构的规定，对私募基金业务活动进行自律管理。

第二章 私募基金管理人

第六条 私募基金管理人由依法设立的公司或者合伙企业担任。

私募基金管理人应当有满足业务运营需要的营业场所、从业人员、安全防范设施和与基金管理业务相关的其他设施，有完善的风控合规、内部稽核监控和信息安全等制度。

第七条 有下列情形之一的，不得担任私募基金管理人，不得成为私募基金管理人的主要股东或者合伙人：

（一）因故意犯罪被判处刑罚，刑罚执行完毕未逾 3 年的；

（二）最近 3 年因重大违法违规行为被金融监管、税收、海关等行政机关处以行政处罚的；

（三）净资产低于实收资本的 50%，或者或有负债达到净资产的 50% 的；

（四）不能清偿到期债务的；

（五）法律、行政法规和国务院证券监督管理机构规定的其他情形。

第八条 有下列情形之一的，不得担任私募基金管理人的董事、监事、高级管理人员、执行事务合伙人及其委派代表：

（一）因犯有贪污贿赂、渎职、侵犯财产罪或者破坏社会主义市场经济秩序罪，被判处刑罚的；

（二）对所任职的公司、企业因经营不善破产清算或者因违法被吊销营业执照负有个人责任的董事、监事、厂长、高级管理人员、执行事务合伙人委派代表，自该公司、企业破产清算终结或者被吊销营业执照之日起未逾 5 年的；

（三）个人所负债务数额较大，到期未清偿的；

（四）因违法行为被开除的基金管理人、基金托管人、证券交易所、证券公司、证券登记结算机构、期货交易所、期货公司及其他机构的从业人员和国家机关工作人员；

（五）因违法行为被吊销执业证书或者被取消资格的律师、注册会计师和资产评估机构、验证机构的从业人员、投资咨询从业人员；

（六）法律、行政法规和国务院证券监督管理机构规定的其他情形。

第九条 私募基金管理人应当履行下列职责：

（一）依法募集资金，办理基金备案手续；

（二）按照基金合同管理基金，进行投资；

（三）按照基金合同的约定确定基金收益分配方案，及时向投资者分配收益；

（四）按照基金合同的约定负责基金会计核算并编制基金财务会计报告；

（五）办理与基金财产管理业务活动有关的信息提供事项；

（六）保存基金财产管理业务活动的记录、账册、报表和其他相关资料；

（七）以基金管理人名义，为基金财产利益行使诉讼权利或者实施其他法律行为；

（八）国务院证券监督管理机构规定和基金合同约定的其他职责。

除前款规定外，私募证券投资基金管理人还应当履行下列职责：

（一）编制定期基金报告；

（二）按照基金合同的约定计算并向投资者报告投资者账户信息。

第十条 私募基金管理人不得兼营与私募基金无关或者存在利益冲突的其他业务，不得进行利益输送。

第十一条 私募基金管理人应当在初次开展资金募集、基金管理等私募基金业务前向基金行业协会提交以下材料，履行登记手续：

（一）工商登记和营业执照；

（二）资本证明文件；

（三）公司章程或者合伙协议；

（四）股东、实际控制人、董事或者合伙人名单；

（五）高级管理人员的基本信息；

（六）有关内部制度文件；

（七）国务院证券监督管理机构规定的其他材料。

私募基金管理人报送的材料不齐全或者不符合规定形式的，基金行业协会应当在5个工作日内一次告知需要补正的全部内容。逾期不告知的，自收到申请材料之日起即为受理。基金行业协会应当自受理登记申请之日起20个工作日内，通过网站公告的方式办结登记手续。

第十二条 未经登记，任何单位或者个人不得使用“基金”、“基金管理”等字样或者近似名称进行本条例规定的投资活动；但是，法律、行政法规另有规定的除外。

第十三条 私募基金管理人有下列情形之一的，基金行业协会应当及时注销基金管理人登记：

（一）自行申请注销登记的；

（二）依法解散、被依法撤销或者被依法宣告破产的；

（三）登记后6个月内未备案首只私募基金的；

（四）所管理的私募基金全部清盘后，12个月内未备案私募基金的；

（五）因非法集资、非法经营等重大违法行为被追究法律责任的；

（六）不符合本条例第六条第二款规定，在规定期限内不予改正，情节严重的；

（七）国务院证券监督管理机构规定的其他情形。

第三章 私募基金托管人

第十四条 除基金合同另有约定外，私募基金财产应当由符合《证券投资基金法》规定的基金托管人托管。

基金合同约定私募基金不聘请基金托管人进行托管的，应当在基金合同中明确保障基金财产安全的制度措施和纠纷解决机制。

第十五条 私募基金托管人应当按照法律法规规定和基金合同约定，履行下列职责：

（一）安全保管基金财产，对所托管的不同基金财产分别设置账户，确保基金财产的完整与独立；

（二）办理与基金托管业务活动有关的信息提供事项；

（三）监督基金管理人的投资运作，及时提示基金管理人违规风险，发现基金管理人的投资活动违反法律法规的，应当拒绝执行并及时向证券监督管理机构报告；

（四）国务院证券监督管理机构规定的其他职责。

第十六条 私募基金托管人应当按照法律、行政法规和国务院证券监督管理机构的规定，建立托管业务和其他业务的隔离机制，有效防范利益冲突，保证基金财产的独立和安全。

第四章 资金募集

第十七条 私募基金管理人应当自行募集资金，或者委托符合《证券投资基金法》和国务院证券监督管理机构规定的基金销售机构代为募集资金。

私募基金应当向特定的合格投资者募集或者转让，单只私募基金的投资者人数累计不得超过法律规定的人数。不得采取将私募基金份额或者其收益权进行拆分转让等方式变相突破合格投资者标准。

合格投资者的具体标准由国务院证券监督管理机构规定。

第十八条 非公开募集基金，应当制定并采用书面形式签订基金合同，明确约定各方当事人的权利义务。

第十九条 私募基金管理人、私募基金销售机构应当履行投资者适当性管理义务，向投资者充分揭示投资风险，根据投资者的风险承担能力销售不同风险等级的私募基金产品。

第二十条 私募基金管理人、私募基金销售机构不得向合格投资者之外的单位和个人募集资金；不得通过报刊、电台、电视台、互联网等公众传播媒体或者讲座、报告会、分析会等方式向不特定对象宣传推介；不得以虚假、片面、夸大等方式宣传推介；不得向投资者承诺资本金不受损失或者承诺最低收益。

第二十一条 投资者应当确保投资资金来源合法，不得非法汇集他人资金进行投资。

第二十二条 私募基金管理人应当自私募基金募集完毕之日起20个工作

日内，向基金行业协会报送下列信息，办理备案：

（一）基金名称；

（二）基金合同；资金募集过程中向投资者提供基金招募说明书的，应当报送基金招募说明书；

（三）对基金资产进行托管的，应当报送托管协议；

（四）基金资本证明文件；

（五）国务院证券监督管理机构规定的其他信息。

以公司或者合伙企业形式设立的私募基金，应当按照基金行业协会的规定办理备案手续。

基金行业协会应当自受理私募基金备案申请之日起20个工作日内，通过网站公告的方式，办结备案手续。

第五章　投资运作

第二十三条　私募基金管理人、私募基金托管人应当设立独立的基金账户，分别管理、分别记账。

私募基金管理人应当遵循专业化管理原则，并建立防范利益输送和利益冲突的机制。

第二十四条　私募基金管理人、私募基金托管人应当建立从业人员投资申报、登记、审查、处置等管理制度，防范与投资者发生利益冲突。

第二十五条　私募基金管理人可以委托国务院金融监督管理机构批准设立的金融机构或者在基金行业协会登记的私募基金管理人提供投资咨询服务。

第二十六条　私募基金管理人、私募基金托管人、私募基金服务机构及其从业人员从事私募基金业务，不得有下列行为：

（一）将其固有财产或者他人财产混同于基金财产从事投资活动；

（二）不公平地对待其管理的不同基金财产；

（三）利用基金财产或者职务之便，为投资者以外的人牟取利益，进行利益输送；

（四）侵占、挪用基金财产；

（五）泄露因职务便利获取的未公开信息，利用该信息从事或者明示、暗示他人从事相关的交易活动；

（六）从事损害基金财产和投资者利益的投资活动；

（七）玩忽职守，不按照规定履行职责；

（八）法律、行政法规和国务院证券监督管理机构规定禁止的其他行为。

第二十七条 私募基金管理人、私募基金托管人应当妥善保存与私募基金投资决策、交易和投资者适当性管理等方面相关的交易记录以及其他资料，保存期限自基金清算终止之日起不得少于20年。

第六章 信息提供

第二十八条 私募基金管理人、私募基金销售机构在基金募集过程中，应当采取合理的方式向投资者提供下列信息，揭示投资风险，说明基金管理和运作情况：

（一）基金的名称和基金类型；

（二）基金管理人在基金行业协会登记的基本信息；

（三）基金的投资范围、投资策略和投资限制情况；

（四）基金的收益分配和风险承担安排；

（五）基金的托管安排；

（六）基金信息提供的内容、方式和频率；

（七）国务院证券监督管理机构规定的其他信息。

私募基金管理人依照前款规定向投资者提供的信息应当与基金合同内容一致。

第二十九条 私募基金管理人应当建立健全信息提供管理制度，在基金运行期间向投资者提供下列信息：

（一）基金资产净值和基金份额总额；

（二）基金投资运作情况；

（三）基金财务情况；

（四）投资收益分配情况；

（五）基金承担的费用和业绩报酬；

（六）可能存在的利益冲突情况；

（七）投资者账户信息；

（八）可能影响投资者合法权益的其他重大信息。

基金合同约定私募基金进行托管的，私募基金托管人应当提供与托管业务活动有关的信息。

第三十条 私募基金管理人、私募基金销售机构应当保证所提供信息的真实性、准确性和完整性，不得有下列行为：

（一）虚假记载、误导性陈述或者重大遗漏；

（二）对投资业绩进行预测；

（三）承诺收益或者承诺资本金不受损失；

（四）法律、行政法规和国务院证券监督管理机构规定禁止的其他行为。

私募基金托管人不得有前款第一项、第四项规定的情形。

第三十一条 私募基金管理人、私募基金托管人和私募基金销售机构应当妥善保管私募基金信息提供的相关文件资料，保存期限自基金清算终止之日起不得少于20年。

第七章 行业自律

第三十二条 私募基金管理人、私募基金托管人应当加入基金行业协会，接受基金行业协会的自律管理。

第三十三条 私募基金管理人、私募基金托管人应当按照国务院证券监督管理机构的规定，向基金行业协会报送私募基金投资运作基本情况和运用杠杆情况等信息。

第三十四条 基金行业协会应当建立投诉处理机制，受理投资者投诉，进行纠纷调解。涉嫌违法违规的，基金行业协会应当及时报告国务院证券监督管理机构。

第三十五条 基金行业协会应当汇总分析私募基金行业的有关情况，并及时向国务院证券监督管理机构报送私募基金行业发展及风险相关信息。

第八章　监督管理

第三十六条　国务院证券监督管理机构依法对私募基金管理人、私募基金托管人和私募基金服务机构等开展私募基金业务情况进行监督管理，并有权采取《证券投资基金法》第一百一十三条规定的措施。

第三十七条　私募基金管理人、私募基金托管人、私募基金服务机构及其从业人员违反法律、行政法规及本条例规定的，国务院证券监督管理机构可以对其采取责令改正、监督管理谈话、出具警示函、公开谴责等措施。

第三十八条　国务院证券监督管理机构将私募基金管理人、私募基金托管人、私募基金销售机构及其从业人员的诚信信息记入资本市场诚信数据库，并按照规定向社会公开。

第三十九条　国务院证券监督管理机构和其他金融管理部门应当建立私募基金风险信息共享机制。

第九章　关于创业投资基金的特别规定

第四十条　本条例所称创业投资基金，是指向处于创建或重建过程中的未上市成长性企业进行股权投资，通过股权转让获得资本增值收益的私募股权投资基金。

第四十一条　创业投资基金不得投资于已上市企业的股权，但是所投资企业上市后，创业投资基金所持有的未转让股权及其配售股权除外。

创业投资基金可以通过上市转让、协议转让、被投资企业回购股权以及并购重组等方式实现投资退出。

第四十二条　国家对创业投资基金给予政策支持，促进创业投资持续健康发展。享受国家政策支持的创业投资基金，其投资运作应当符合国家有关规定。

国务院有关部门按照职责分工，制定关于创业投资基金的支持政策。国务院发展改革部门会同有关部门加强促进创业投资发展的政策协调。

第四十三条　国务院证券监督管理机构对创业投资基金实施区别于其他私

募基金的差异化监督管理。

基金行业协会在基金管理人登记、基金备案、投资情况报告要求等方面，对创业投资基金实施差异化自律管理和服务。

第十章　法律责任

第四十四条　私募基金管理人违反本条例第九条、第十条规定，未履行职责的，责令改正，没收违法所得，并处违法所得1倍以上5倍以下罚款；没有违法所得或者违法所得不足100万元的，并处10万元以上100万元以下罚款。对直接负责的主管人员和其他直接责任人员给予警告，并处3万元以上10万元以下罚款。

第四十五条　违反本条例第十二条规定，未经登记，使用“基金”、“基金管理”等字样或者近似名称进行投资活动的，没收违法所得，并处违法所得1倍以上5倍以下罚款；没有违法所得或者违法所得不足100万元的，处10万元以上100万元以下罚款。对直接负责的主管人员和其他直接责任人员给予警告，并处3万元以上30万元以下罚款。

第四十六条　违反本条例第十七条第二款、第二十条规定，向特定的合格投资者之外的单位或者个人募集资金或者转让基金份额，或者导致投资者超过法定人数限制的，没收违法所得，并处违法所得1倍以上5倍以下罚款；没有违法所得或者违法所得不足100万元的，处10万元以上100万元以下罚款。对直接负责的主管人员和其他直接责任人员给予警告，并处3万元以上30万元以下罚款。

第四十七条　违反本条例第十九条规定，未履行投资者适当性管理义务，未向投资者充分揭示投资风险或者误导其购买与其风险承担能力不相当的基金产品的，处10万元以上30万元以下罚款；情节严重的，责令其停止基金服务业务。对直接负责的主管人员和其他直接责任人员给予警告，并处3万元以上10万元以下罚款。

第四十八条　违反本条例第二十条规定，有擅自公开或者变相公开募集基金等行为的，责令停止，返还所募资金和加计的银行同期存款利息，没收违法所得，并处所募资金金额1%以上5%以下罚款。对直接负责的主管人员和其他直接责任人员给予警告，并处5万元以上50万元以下罚款。

第四十九条 违反本条例第二十二条规定，未对募集完毕的私募基金办理备案的，对私募基金管理人处10万元以上30万以下罚款。对其直接负责的主管人员和其他直接责任人员给予警告，并处3万元以上10万元以下罚款。

第五十条 私募基金管理人、私募基金托管人违反本条例第六条第二款、第十四条第二款、第十六条和第二十三条规定，不符合业务运营的相关要求，未建立防范利益输送和利益冲突的机制，未对基金财产实行分别管理、分别记账，或者未对未托管的基金财产采取隔离措施的，责令改正，处5万元以上50万元以下罚款；对直接负责的主管人员和其他直接责任人员给予警告，并处3万元以上30万元以下罚款。

第五十一条 私募基金管理人、私募基金托管人的从业人员未按照本条例第二十四条规定申报的，责令改正，处3万元以上10万元以下罚款。

第五十二条 违反本条例第二十五条规定，委托不符合规定条件的机构提供投资咨询服务的，责令停止，没收违法所得，并处10万元以上30万元以下罚款。对直接负责的主管人员和其他直接责任人员给予警告，并处3万元以上30万元以下罚款。

第五十三条 私募基金管理人、私募基金托管人、私募基金服务机构及其从业人员有本条例第二十六条所列行为之一的，责令改正，没收违法所得，并处违法所得1倍以上5倍以下罚款；没有违法所得或者违法所得不足100万元的，并处10万元以上100万元以下罚款；对直接负责的主管人员和其他直接责任人员给予警告，并处3万元以上30万元以下罚款。

私募基金管理人、私募基金托管人、私募基金销售机构及其从业人员侵占、挪用基金财产而取得的财产和收益，归入基金财产。但是，法律、行政法规另有规定的，依照其规定。

第五十四条 私募基金管理人、私募基金托管人、私募基金销售机构及其从业人员未按照本条例规定向投资者提供相关信息，或者信息有虚假记载、误导性陈述或者重大遗漏的，责令改正，没收违法所得，并处10万元以上100万元以下罚款；对直接负责的主管人员和其他责任人员给予警告，暂停或者撤销业务资格，并处3万元以上30万元以下罚款。

第五十五条 私募基金管理人、私募基金托管人、私募基金销售机构及其从业人员违反本条例其他规定的，责令改正；拒不改正的，给予警告，并处3万元以下罚款；对直接负责的主管人员和其他直接责任人员，给予警告，并处3万元以下罚款。

第五十六条 私募基金管理人、私募基金托管人、私募基金销售机构及其从业人员违反本条例规定，情节严重的，国务院证券监督管理机构可以对有关责任人员采取证券期货市场禁入措施。构成犯罪的，依法追究刑事责任。

第十一章 附 则

第五十七条 外商投资私募基金管理人的管理办法，由国务院证券监督管理机构另行制定。

境外机构不得直接向境内投资者募集资金设立私募基金，法律、行政法规另有规定的除外。

第五十八条 本条例自××年××月××日起施行。

《最新法律文件解读》丛书
稿　约

《最新法律文件解读》是一套以为最新法律规范提供同步“解读”为主的系列丛书,分为刑事、民事、商事、行政与执行4个分册,按月出版。

本丛书以“解读”为重点,突出全、专、新、快、准等特点,通过对最新出台的法律、法规、司法解释、部门规章以及重要地方性法规进行同步动态解读,弥补了法律、法规、司法解释汇编类出版物没有同步阐释、解读内容的不足,为广大读者学习理解最新法律规范,正确贯彻执行法律文件,及时解决实践中的新情况、新问题,提供一个全方位、多层面的法律信息平台。

欢迎您向以下栏目赐稿:

【最新法律文件解读】主要是对最新颁行的法律文件进行解读,帮助司法和执法人员正确理解法律文件的立法背景、意义、重点内容、在适用中应注意的问题、与相关法律文件的衔接与互动关系等等。

【司法实务问题研究】主要刊登对司法理论、实务及司法管理工作中的热点、疑难问题进行研究及评论的文章。

【新类型疑难案例选评】主要是对司法和行政执法实践中具有典型性和代表性的疑难案例,结合具体案情以及审理或处理结果进行简练精辟的点评,解析认识问题的方法、处理问题的法律依据和在个案中的具体适用。

【法学前沿与新视点】以摘要的形式刊登相关法学理论研究的最新动态及具有代表性和典型性的前沿问题,扩展法学研究的深度和广度。

【法律适用问题解答】主要针对司法和行政执法实践中面临的新问题、热点问题、疑难问题进行简要地解答,指出涉及的法律关系,明确法律适用依据。

稿件一经刊用,即付稿酬,稿酬从优。

《刑事法律文件解读》　姜　峤　邮箱:bj85250573@126.com
《民事法律文件解读》　丁丽娜　邮箱:dlnlaw@163.com
《商事法律文件解读》　路建华　邮箱:shangshijiedu@126.com
《行政与执行法律文件解读》　陈映锦　邮箱:4831374@qq.com

人民法院出版社
《最新法律文件解读》丛书编辑部